Betty Tapscott
FREI GEMACHT!

Betty Tapscott

FREI GEMACHT...!

„Wenn euch der Sohn frei macht, so seid ihr wirklich frei“ (Johannes 8, 36)

Leuchter-Verlag eG · Erzhausen

Titel der Originalausgabe: SET FREE THROUGH INNER HEALING

Übersetzung: Leslie Richford
Umschlaggestaltung: Frank Decker

3. Auflage: Februar 1992

Die Originalausgabe erschien bei Hunter Ministries Publishing Company, Houston, Texas

ISBN 3-87482-089-0

Gesamtherstellung:
Schönbach-Druck GmbH, 6106 Erzhausen

Inhalt

Einleitung

Seitdem im Jahre 1975 unser Buch „Innere Heilung" verlegt wurde, haben wir Tausende von Briefen und Telefonanrufen bekommen. Viele Menschen baten uns, für sie zu beten; andere bezeugten, daß Gott sie schon angerührt hat. Wir möchten dem Herrn für Seine große Güte und Barmherzigkeit danken, die Er an uns erwiesen hat.

Oft werden wir gefragt, ob „innere Heilung" etwas Echtes sein kann und ob die Auswirkungen wirklich von Dauer sind. Zur Antwort möchte ich hier den Brief einer jungen Frau wiedergeben, von deren Heilung wir im ersten Buch berichteten.

Liebe Betty!
Hoffentlich kannst Du Dich an mich erinnern. Dich werde ich jedenfalls nie vergessen. Am 20. Dezember 1974 betetest Du mit mir. Ich war gerade auf der Durchreise und wollte nach... Seither bin ich frei geblieben; mein Mann und ich haben inzwischen einen kleinen Jungen adoptiert.

Dadurch, daß ich eine innere Heilung empfing, fand mein Mann zu Jesus. Fünf Monate danach machte es uns der Herr möglich, den Jungen zu adoptieren. Betty, mein Leben ist so anders geworden! Ich bin dem Herrn so dankbar, daß Er mich nach Houston brachte und daß ich Dich dort kennenlernen durfte. Und ich bin sehr froh, daß Du damals dem Herrn gehorsam warst und Dir die Zeit nahmst, um mit mir ein seelsorgerliches Gespräch zu führen. Ich frage mich manchmal, wie mein Leben jetzt aussehen würde, wenn ich damals nicht nach Hou-

ston gereist wäre. Die Antwort darauf möchte ich aber eigentlich nicht wissen. Ich weiß nur, daß ich heute freier bin als damals. Gott möge Dich reichlich segnen. Ich freue mich darauf, Dich in der Ewigkeit wiederzusehen…

Als damals diese junge Frau zu uns ins Haus kam, trug sie eine schwarze Lederjacke, Jeans-Hose und hohe Stiefel. Seit drei Monaten fuhr sie mit dem Bus durch die Vereinigten Staaten. Jetzt hatte sie sich entschlossen, nach Hause zu fahren und sich von ihrem Mann scheiden zu lassen. Sie rief mir entgegen: „Ich habe keine Lust mehr, mich als Ehefrau und Mutter abzustrampeln! Die Hausarbeit kann ich nicht leiden! Und außerdem liebe ich meinen Mann überhaupt nicht mehr!" Sie befand sich in einem Gefängnis von Sünde und Schuld. Doch der Herr befreite sie durch den Dienst der inneren Heilung. Ihm sei Preis und Ehre dafür!

Wir haben immer noch mit vielen der Menschen Kontakt, deren Zeugnis wir in dem Buch „Innere Heilung" wiedergaben. Im letzten Kapitel dieses Buches teilten wir die Geschichte eines Mädchens mit, das früher Lesbierin, Kettenraucherin und Alkoholikerin gewesen war. Während sie im Ausland war, hatte sie sich erst betrunken und dann ein Kind überfahren. Nach diesem Unglück wurde sie ständig von Schuld gequält. Aber durch eine innere Heilung konnte sie Gott von ihren schmerzvollen Erinnerungen heilen und sie ganz frei machen.

Heute besucht dieses Mädchen eine Bibelschule. Von dort aus ruft sie gelegentlich bei uns an, um uns wissen zu lassen, was der Herr gerade in ihrem Leben tut. Vor kurzem erst sagte sie uns, sie wolle Missionarin werden. Seit ihrer Heilung ist sie zu einer strahlenden, dynamischen Christin geworden. Eine solche Wandlung konnte doch nur durch die Kraft Jesu Christi erfolgen! Das Alte ist vergangen, siehe, es ist Neues geworden. Dem Herrn sei Dank!

Ich möchte nicht den Eindruck erwecken, daß jeder, mit dem wir beten, geheilt wird. Das wäre nämlich nicht richtig. Es ist leider auch nicht wahr, daß jeder, der geheilt wird, auch geheilt bleibt. Aber Gott ist die Quelle aller Heilung. Er ist der große Psychiater, der große Arzt, der einzige Heiler. Wenn Menschen um Heilung beten, wird Gott immer Seinen Teil dazu beitragen, daß sie gesund werden. Aber die Menschen müssen dann auch ihrerseits dazu beitragen.

Innere Heilung besteht nicht nur aus einer einmaligen Erfahrung; sie ist viel eher ein Dauerzustand, ein täglicher Wandel in der Reinigung, ein Leben in der Vergebung. Wer innerlich geheilt worden ist, kann seine Heilung nur behalten, wenn er Satan den Rücken kehrt, Gottes Wort studiert, betet, den Herrn preist, zu einer geisterfüllten Gemeinschaft gehört und vor allen Dingen den Blick fest auf Jesus richtet. Denn wir haben nicht mit Fleisch und Blut zu kämpfen, sondern unser Kampf richtet sich gegen Satan selbst. Auch wenn jemand echt geheilt worden ist, wird er trotzdem nicht frei bleiben, wenn er seinen Blick nicht ganz fest auf Jesus richtet. Wenn ein solcher Mensch Gott den Rücken kehrt, kommt der böse Geist zurück und bringt sieben andere Geister mit (Lukas 11, 24—26). Es ist nicht möglich, in der Finsternis zu leben, Betrug und Sünde zu begehen, und gleichzeitig von Gott zu erwarten, daß Er den Frieden der Seele schenkt.

In seinem Buch „The Christian and Emotional Problems" schreibt Dr. Little:

Satan kämpft um den Verstand der Christen. Dieser Kampf wird ihm aber nur dann gelingen, wenn der Christ seinen Blick nicht mehr auf Jesus richtet, sondern sich selbst in den Mittelpunkt stellt. Nur solche Christen, die schwerste Prüfungen durchlebt und es ein für allemal gelernt haben, das Ich zu überwinden und ihren Blick fest auf Jesus zu richten, erkennen, daß sie es eigentlich mit dem Satan zu tun gehabt haben. Es gibt Seelsorger, die die Gläubigen ermahnen, Selbstbeherrschung zu üben und die Schuld für ihr Fehlverhalten nicht dem Satan in die Schuhe zu schieben. Aber dann bekommt der egozentrische Christ den Eindruck, er müsse nur noch seinen Willen anstrengen, um sein Verhalten zu berichtigen. Das Ego wird immer mehr in den Mittelpunkt gerückt. Und gerade das gefällt dem Teufel sehr. Wenn der Teufel den Menschen an sein Ego binden kann, kann er ihn ganz und gar beherrschen.

Preis sei Gott! Durch Jesus Christus können wir frei werden! Gott möchte, daß wir nach Geist, Seele und Leib heil werden. In Jesaja 53, 5 lesen wir: „Er ist um unsrer Missetat willen verwundet und um unsrer Sünde willen zerschlagen. Die Strafe liegt auf Ihm, auf daß wir Frieden hätten, und durch Seine Wunden sind wir geheilt." Dieser Vers spricht von drei Arten der Heilung: geistliche Heilung, innere Heilung und körperliche Heilung. Gott will, daß wir Menschen so werden, wie wir gemäß Seinem Schöpfungsplan eigentlich sein sollten.

Es gibt geisterfüllte Christen, die körperlich sehr fit sind, dafür aber in ihrem Gefühlsleben verkrüppelt, weil sie innerlich verletzt und voller negativer Einstellungen und Emotionen sind. In Jeremia 4, 4 lesen wir: „Beschneidet euch für den Herrn und tut weg die Vorhaut eures Herzens..." Gott will, daß wir Ihm unser Herz, unser Innerstes ausliefern! Er will unsere inneren Verletzungen und schmerzlichen Erinnerungen heilen. Er will uns frei machen von negativen Gewohnheiten und Gefühlen, die uns daran hindern, als Christen im Geiste zu wandeln.

In unserem Buch „Innere Heilung" zeigten wir, wie die innere Heilung in zwei Phasen stattfindet. Als erstes muß die Knechtschaft Satans durchbrochen werden, indem wir unser Erbteil in Christus in Anspruch nehmen. Als zweites beten wir dann um Heilung der Erinnerungen.

Der erste Schritt auf dem Weg zur inneren Heilung besteht darin, daß wir unser geistliches Erbteil in Jesus Christus in Anspruch nehmen und unsere Vollmacht benutzen, um die satanischen Riesen zu vertreiben, die uns aus dem verheißenen Land verdrängen wollen. Diese „Riesen" kann man auch „böse Geister", „Fesseln" oder einfach „negative Kräfte" nennen. Gemeint ist alles, was der Satan in unser Leben geschickt hat, um uns zu zerstören. Einige dieser „Riesen" heißen: Furcht, Groll, Enttäuschung, Haß, Zorn, Niedergeschlagenheit, Selbstmord,

Bitterkeit, Selbstsucht, Neid, Verwirrung und Unversöhnlichkeit. Wenn wir von diesen Dingen frei werden, so geschieht das in einer Art geistlicher Operation, in der Gott die bösen Gewächse aus uns herausschneidet.

„Und Er hat euch mit Ihm lebendig gemacht, die ihr tot wart in euren Sünden und in der Unbeschnittenheit eures selbstsüchtigen Wesens. Er hat uns alle Sünden vergeben; Er hat unsern Schuldbrief getilgt, der mit seinen Forderungen gegen uns stand, und hat ihn weggeschafft und an das Kreuz geheftet. Er hat die Mächtigen und Gewaltigen entwaffnet und sie öffentlich zur Schau gestellt und hat über sie triumphiert in Christus" (Kolosser 2, 13—15).

In Matthäus 18, 18 lesen wir: „Was ihr auf Erden binden werdet, soll auch im Himmel gebunden sein, und was ihr auf Erden lösen werdet, soll auch im Himmel gelöst sein." Gottes Wort sagt ausdrücklich: „Widersteht dem Teufel, dann flieht er von euch" (Jakobus 4, 7). Vielleicht meinst du dazu: „Eigentlich glaube ich gar nicht an einen persönlichen Teufel." Aber die Bibel erwidert darauf: „Seid nüchtern und wacht; denn euer Widersacher, der Teufel, geht umher wie ein brüllender Löwe und sucht, wen er verschlingen kann" (1. Petrus 5, 8). Wir kämpfen gegen die Finsternismächte! Aber wir *können siegen.* Wir *können frei werden!*

In 2. Korinther 3, 17 verheißt der Herr: „Der Herr aber ist der Geist; und wo der Geist des Herrn ist, da ist Freiheit." Und in Kolosser 1, 13—14 sagt Er uns: „Er hat uns von der Macht der Finsternis errettet und uns in das Reich Seines lieben Sohnes versetzt, durch den wir die Erlösung haben, nämlich die Vergebung der Sünden."

Von sich aus kann niemand einen anderen Menschen von der Macht Satans befreien. Allein die Kraft Jesu kann die Ketten zersprengen. Gott hat versprochen, die Jochstange Seines Volkes und den Stecken ihres Treibers zu zerbrechen (Jesaja 9, 4). Wir haben tatsächlich mit Menschen gebetet und sahen bzw. fühlten, wie die Jochstange Satans zerbrochen wurde, als der böse Geist fliehen mußte.

Ich möchte hier einflechten, daß wiedergeborene Christen bestimmt nicht „besessen“ sein können. Aber sie können vom Feind bedrückt werden. Manche Gemeinden sind voller Menschen, die vom Feind bedrückt sind. Die satanische Belastung wirkt sich nicht nur auf Leute aus, die niemals zur Kirche gehen! Satan will jeden von uns angreifen! Wir haben alle Probleme, ob körperlicher, finanzieller, gefühlsmäßiger oder geistlicher Art. Und doch finden es die Christen meistens sehr schwer zu akzeptieren, daß Satan ihr Gefühlsleben angreifen kann.

In seinem Buch „The Christian's Handbook of Psychiatry“ schreibt Dr. Quentin Hyder:

Viele Christen haben sich eingebildet, ihr neues Verhältnis zu Gott würde es unmöglich machen, daß sie jemals im Gefühlsbereich krank werden. Seelische Krankheit wird entweder als Sünde oder als Sündenstrafe betrachtet... Zwar ist es nicht der geoffenbarte Wille Gottes, daß wir krank werden; doch läßt Er es manchmal zu. Emotionale Unausgeglichenheit ist genauso eine Krankheit wie ein gebrochenes Bein oder eine Blinddarmentzündung.

Viele Christen akzeptieren, daß Gott eine körperliche Krankheit zulassen kann; wenn das geschieht, gehen sie zum Arzt. Aber psychologische oder emotionale Krankheiten werden nicht so eingestuft. Und doch sind Christen auf diesem Gebiet durchaus nicht immun, denn „Er läßt Seine Sonne aufgehen über Böse und Gute und läßt es regnen über Gerechte und Ungerechte“ (Matthäus 5, 45). Wir Christen sind ebenso verwundbar wie unsere nichtchristlichen Freunde. Der Unterschied liegt nur darin, daß wir als Christen eine zusätzliche geistliche Kraftquelle haben, aus der wir schöpfen können und die uns den Geist der Liebe, der Kraft und der Besonnenheit vermittelt.

Der zweite Schritt auf dem Weg zur inneren Heilung ist die Heilung der Erinnerungen. Ein Gebet um Heilung der Erinnerungen finden Sie im 7. Kapitel unseres Buches „Innere Heilung“. Wer innere Heilung empfangen möchte, bittet Jesus, jede

Wunde und Verletzung aus der Vergangenheit zu heilen. „Jesus Christus ist derselbe gestern und heute und bleibt es auch in Ewigkeit“ (Hebräer 13, 8). Da Ihm Zeit und Raum nichts bedeuten, kann Er in unsere Vergangenheit zurückgreifen und unsere Verletzungen heilen. Heilung der Erinnerungen heißt nicht, den alten Unrat auszugraben. Vielmehr wird der tatsächlich vorhandene Unrat ausgeräumt und weggeworfen.

In Philipper 3, 13 sagt uns Gott, daß wir vergessen sollen, was dahinten liegt und uns nach dem ausstrecken, was vor uns liegt. Aber so oft finden wir es einfach unmöglich, die Vergangenheit zu vergessen, denn tief in den alten Wunden steckt noch Bitterkeit oder Haß. Wegen Furcht oder Selbstmitleid ist die Wunde vereitert. Aber Gott möchte unsere Schmerzen stillen, die Wunden reinigen und das Öl des Heiligen Geistes darauf gießen, damit wir geheilt werden und die Vergangenheit wirklich vergessen können.

Sehr viele Menschen finden es schwierig, sich vorzustellen, daß Gott sich für jeden Aspekt ihres Lebens interessiert — für jeden Gedanken, jede Verletzung, jegliches Angstgefühl. Aber die Bibel sagt uns, daß Er unsere Haare auf unserem Haupt alle gezählt hat (Matthäus 10, 30). Ob wir sitzen oder stehen, Er weiß es (Psalm 139, 2). Es ist kein Wort auf unserer Zunge, das Er nicht schon wüßte (Psalm 139, 4).

Warum finden wir es dann so schwer zu begreifen, daß Er den winzigsten Schmerz und jede leidvolle Erinnerung heilen möchte, und wenn sie uns noch so unbedeutend vorkäme? Vielleicht ist Ihr Problem eine Zwangsneurose oder eine Phobie. Ich möchte Ihnen sagen, daß der Herr Sie davon befreien möchte!

Nachdem ich einmal in einer anderen Stadt vor einer Frauengruppe mit dem Wort Gottes gedient hatte, erhielt ich folgenden Brief:

Liebe Betty!
Mein ganzes Leben habe ich sehr gern Popcorn gegessen. In den letzten Jahren konnte ich an keinem Popcorn-Automaten vorbeigehen, ohne eine Tüte zu kaufen. Abends entspannte ich

mich, indem ich eine große Schüssel voller Popcorn aufaß. Durch das viele Popcorn holte ich mir eine Dickdarmentzündung. Spätestens dann wußte ich, daß ich damit aufhören mußte, aber der Duft war unwiderstehlich, und ich fing immer wieder an zu essen. Schlimmerweise aß ich auch jedes Mal eine ganze Tüte mit Popcorn, bis nichts mehr übrigblieb.

Eines Tages besuchte ich jedoch eine Versammlung der Aglow-Gemeinschaft und hörte Sie darüber sprechen, daß Gott unsere Erinnerungen heilen kann. Ich bat den Herrn, auch mich zu heilen, denn ich hatte es dringend nötig, von diesem Verlangen nach Popcorn befreit zu werden. Und der Herr erhörte mich! Ich wurde ganz frei, so daß ich sowohl essen oder auch nicht essen konnte. Die Dickdarmentzündung verschwand.

Kurz darauf erinnerte mich der Heilige Geist daran, wie sich früher meine ganze Familie um eine riesige Schüssel Popcorn versammelt hatte, als das Wetter in Iowa, wo wir wohnten, besonders schlecht war. Das kleine Mädchen im Vorschulalter, das noch immer in mir lebte, ging immer wieder dorthin zurück, um die Wärme und Gemeinschaft und Geborgenheit der damaligen Zeit zu erleben. Ich hätte mich natürlich an den Herrn wenden müssen. Jetzt kann ich Ihn dafür preisen, daß Er die Leere in meinem Leben ausgefüllt hat ...“

Was auch immer Ihr Problem sein mag: der Herr möchte Sie davon befreien.

Meine Freundin Sue Birkman ist Gründerin der Organisation „Challenge Presents“. Ihr Mann ist gläubiger Psychologe. Sie verfaßte einmal folgende Beschreibung der inneren Heilung:

Innere Heilung ist viel mehr als nur ein psychologisches Verfahren, um unsere Schmerzen zu lindern, und auf jeden Fall mehr als die Umerziehung unserer alten Gedankengänge. Innere Heilung können wir allein im Gebet durch die Kraft Jesu Christi erfahren. Dadurch werden die Wunden geheilt, die wir uns in der Vergangenheit zugezogen haben. Die innere Heilung gleicht einer Reise in die Tiefen der Gottesliebe, nach der wir uns selbst, andere und auch Gott besser verstehen können. Nach dem Gebet finden wir es leicht, Gott für alles zu danken, anstatt in unserem Herzen Groll zu tragen. Wenn Gott eine Erinnerung heilt, tut sie nie wieder weh.

Diese Beschreibung trifft den Nagel auf den Kopf. Eine andere Frau schrieb mir:

Ihr Buch über innere Heilung gab mir neues Licht über das heilende Werk Christi. Ich lasse mich nicht nur von vergangenen Erinnerungen heilen, sondern ich nehme jetzt Christus mit in den Alltag, so daß ich später keine Heilung der Erinnerungen mehr brauchen werde. Denn Er wird schon überall mit dabei gewesen sein.

Viele Menschen sind während unserer Gruppensitzungen geheilt worden. Vor einiger Zeit offenbarte mir der Herr während einer solchen Sitzung, daß jemand dabei sei, der bei einem Kanu-Unglück über einen Wasserfall gespült worden sei. Das waren nun einmal ganz spezifische Angaben, die der Herr machte! Als ich den Impuls weitergab, stand eine Frau auf, die hinten im Gemeinderaum saß. Sie kam nach vorn und erklärte, daß sie bei einem solchen Unglück ein schreckliches Erlebnis gehabt hatte. Bei einer Stromschnelle kenterte ihr Kanu. Dadurch wurde sie ängstlich. Es waren etwa 500 Menschen in der Versammlung, doch hat der Herr diese Frau individuell ausgesucht, um Seine heilende Kraft an ihr zu erweisen.

Während einer anderen Veranstaltung offenbarte der Herr meinem Mann Ed, daß jemand dort sei, der Haß und Bitterkeit im Herzen habe und der bereit sei, einen Mord zu begehen. Nach der Versammlung kam eine Frau auf uns zu und bekannte, daß sie zwei Wochen zuvor einen Revolver gekauft habe. Ihr ehemaliger Ehepartner hatte gedroht, sie umzubringen; sie wollte ihn dafür erschießen. Dann meinte sie: „Vielleicht bringe ich mich lieber selbst um."

Zwei Tage später kam sie jedoch zu uns, um von dieser Bindung befreit zu werden. Ihre Probleme sind nicht mit einem Mal verschwunden, doch gewann sie eine neue Einstellung. Nachher rief sie sogar bei ihrem Ex-Mann an, um ihm zu sagen, daß sie ihm vergeben habe.

Noch eine Frau teilte uns mit, was der Herr in ihrem Leben getan hatte:

Am Ende der Versammlung, als Sie um Heilung der Erinnerungen für alle Anwesenden beteten, geschah etwas in mir. Während Sie beteten, bemerkte ich ganz deutlich, wie ein Geruch sich ausbreitete. Es war wie im Krankenhaus. Einige Sekunden lang war ich wie betäubt. Es war so echt, daß ich sogar die Augen öffnete, um zu schauen, ob jemand irgend etwas herhielt, das so eigenartig riechen könnte. Aber alle anderen saßen still und hatten die Augen zu. Im Augenblick zeigte mir der Herr keine Erinnerung, von der ich geheilt werden müßte, aber ich fragte mich im Laufe der nächsten Woche immer wieder, was dieser Geruch wohl bedeuten könne.

Ich las zur Zeit Ihr Buch über innere Heilung. Als ich am Ende des Buches zum Gebet kam, sagte ich zum Herrn: „Herr, ich möchte dieses Gebet aus tiefstem Herzen nachsprechen.“ Dann kam ich zu der Stelle, wo es heißt: „Manche Menschen wurden, als sie in diese Welt kamen, nicht geliebt und waren nicht erwünscht. Sie empfangen solche Ablehnung...“ Ich konnte dann nicht mehr weiterlesen, denn ich mußte so weinen, als würde ich nie wieder aufhören. Da wußte ich, daß auch ich das Gefühl gehabt hatte, nicht erwünscht zu sein. Aber der Herr hat mich davon befreit. Ich wußte, daß ich in diesem Augenblick Heilung empfangen hatte. Ich fing an, den Herrn überschwenglich zu preisen! Wissen Sie, Betty, ich habe dieses Gefühl, unerwünscht zu sein, nie wieder gehabt, auch dann nicht, wenn man mir tatsächlich keine Liebe entgegenbrachte. Das Gebet und die Kraft Jesu haben mein Leben verwandelt.

Danach betete ich auch für meine Kinder. Der Herr möge auch die unangenehmen Erinnerungen heilen, die ich in ihnen verursacht hatte.

Es ist so schön, dabei zu sein, wenn der Herr jemanden heilt. Das tut Jesus nicht nur für den Leib, sondern auch für die Seele. Er kann während einer Massenveranstaltung oder auch während eines seelsorgerlichen Gesprächs heilen. Er heilt sogar manchmal, während jemand ein Buch liest oder sich eine Kassette anhört oder seine Not im Gebet vor Gott ausschüttet. Aber allein Jesus kann vollständig heilen. Und dabei dürfen wir eins nicht vergessen: so wunderbar körperliche sowie innere Heilung sein mögen, das größte Wunder bleibt immer noch die Erlösung! Wenn jemand Jesus Christus als Heiland ganz persönlich in sein Herz einlädt, wird er zu einer ganz neuen Schöpfung.

Meines Erachtens ist die Grundlage für alle Arten der Heilung die Sündenvergebung. Wer geheilt werden will, muß erst Gott um Vergebung bitten, dann aber auch sich selbst und anderen vergeben. Wir sollten nie aus dem Blick verlieren, daß Jesus Christus für uns starb, um uns von unseren Sünden zu erlösen. Allein durch Sein teures Blut, das Er am Kreuz vergoß, können wir für Geist, Seele und Leib die Heilung empfangen.

Es kann niemand zu Jesus kommen, wenn ihn nicht der Vater zieht (Johannes 6, 44). Und wenn es darum geht, um innere Heilung zu beten, müssen wir uns ebenso auf den Heiligen Geist verlassen. Worte, die wir ohne die Salbung des Heiligen Geistes sprechen, werden kein Gehör finden.

Es gibt einen richtigen Zeitpunkt zum Gebet. Das Gebet allein hat nämlich keinen Zweck, wenn nicht der Betreffende ein starkes Verlangen danach spürt. Es ist z. B. ganz und gar sinnlos, wenn eine Ehefrau mit aller Gewalt versucht, ihren Mann in die Seelsorge mitzuschleppen. Wenn wir für jemanden beten, sollten wir uns erst versichern, daß dieser empfänglich ist. Wer sich die Menschen zusammensuchen muß, mit denen er beten will, handelt bestimmt nicht richtig. Wenn der Herr Seine heilende Kraft durch Sie fließen lassen möchte, wird das offenbar werden, so daß die Menschen von selbst zu Ihnen kommen.

Wir haben nämlich auch mit Menschen beten müssen, die innerlich verletzt waren, weil jemand behauptet hatte, für sie ein Wort vom Herrn empfangen zu haben, obwohl sie sich das nur eingebildet hatten. Übereifrige Beter sind gefährlich. Von Zeit zu Zeit gibt der Herr tatsächlich ein persönliches Wort, aber wir müssen immer ganz sicher sein, daß unsere Eingebung von Ihm stammt, bevor wir sie weitergeben.

Es gibt leider übereifrige Christen, die überall und in jedem Menschen einen Dämon sehen wollen. Aber man kann unheimlich viel Schaden anrichten, wenn man ohne die Gabe der Geisterunterscheidung oder das Wort der Erkenntnis versucht, den Dienst der inneren Heilung zu tun. Angebliche Dämonen auszutreiben, das sollten wir lieber lassen, wenn uns der Herr nicht dazu bevollmächtigt hat.

Das sage ich nicht, um Sie vom Dienst der inneren Heilung abzubringen. Ich möchte Sie vielmehr ermutigen, eine positive Beziehung zu Gott zu entwickeln, so daß Sie Seine Stimme hören können. Dann werden Sie innerlich erkennen, daß Er die Menschen zu Ihnen gesandt hat, mit denen Sie beten. Sie werden merken, daß Er die Herzen zubereitet hat. Dann brauchen Sie nur zu gehorchen und im Gebet verharren, bis Gott ein Wunder vollbringt. Geben Sie aber dem Herrn den ganzen Ruhm dafür!

Gott tut heute noch Wunder. Ihn können wir nicht einengen. Sein Wort sagt, daß Zeichen und Wunder denen folgen, die da glauben (Markus 16, 17). In den letzten Tagen will Er Seinen Geist über alles Fleisch ausgießen (Apostelgeschichte 2, 17). Das ist es, was wir heute erleben! Gott liebt Seine Kinder so sehr, daß Er sie aus jeder Knechtschaft befreien möchte.

Kurz nachdem unser erstes Buch veröffentlicht wurde, legte es mir der Herr aufs Herz, ein zweites zu schreiben. Schon von vornherein gab Er mir auch den Titel dafür: „Frei gemacht“. Als der Gedanke, dieses Buch zu schreiben, zu mir kam, konnte ich vor meinem geistigen Auge den Umschlag sehen, auf dem ein Schmetterling stand, um Leben und Freiheit zu symbolisieren.

Kurz bevor unser Grafiker an die Arbeit ging, entdeckte eines Morgens meine Tochter Tammy einen prachtvollen Schmetterling an unserer Haustür. Am nächsten Tag kam ein

Brief an, auf dem eine wunderschöne Sondermarke mit dem Bild eines Schmetterlings geklebt war. Hinten auf dem Umschlag war der Brief mit einem Schmetterling-Siegel versiegelt. Und in dem Brief war ein Lesezeichen, ebenfalls mit Schmetterlings-Bild. Ich empfand das als Streicheleinheit vom Herrn und Bestätigung des Umschlagentwurfs zugleich. Meine Freundin Ann schrieb auf dem Lesezeichen:

Jahrhunderte hindurch hat die christliche Gemeinde den Schmetterling als Symbol für die Entstehung neuen Lebens benutzt. Der Kokon ist dunkel, uninteressant, unbeweglich. Aber aus ihm kommt der herrliche Schmetterling hervor, der schön und frei ist. Dieses Symbol bildet den Sieg Jesu in Seiner Auferstehung ab; aber auch wir werden ständig daran erinnert, daß wir in Ihm fliegen können! Unser Kokon muß verschwinden!

Wenn wir unser altes, von Sünde behaftetes Leben und unsere negativen Gefühle beiseitelegen und es Jesus Christus erlauben, das Joch unserer Knechtschaft zu zerbrechen, so können wir aus dem Kokon herausdrängen und FREI GEMACHT werden!

Während Sie dieses Buch lesen, hören Sie auf die innere Stimme des Heiligen Geistes. Am Ende von jedem Kapitel ist ein Gebet. Wir haben es für alle geschrieben, die sonst nicht wissen, wie sie beten sollen. Aber reden Sie doch selber mit dem Herrn! Er ist Ihr bester Freund. Reden Sie frei und ungehemmt mit Ihm, so als würden Sie mit einem guten Bekannten reden.

Sie sind ein Geliebter Gottes! Wo Sie sich jetzt auch befinden mögen — GOTT LIEBT SIE! Jesus Christus starb für Sie am Kreuz von Golgatha. Sie sind für Ihn von großer Bedeutung. Er möchte Ihnen helfen, Sie heilen und Ihnen die Lasten wegnehmen. Er will Ihre Probleme lösen und Ihre kaputten Beziehungen wieder in Ordnung bringen.

Gott weiß, wenn Sie Schmerzen haben, und Er macht sich Sorgen darum. Er möchte Ihr zerbrochenes Herz heilen und Ihre Wunden verbinden (Psalm 147, 3). Er möchte Sie in Ihrem Sinn erneuern (Römer 12, 2). Er möchte Ihnen ein kostbares

Geschenk machen: Frieden für Herz und Sinn (Johannes 14, 27). Sie müssen sich nicht länger mit dem Joch der Knechtschaft abquälen. Gott möchte Sie frei machen!

SIE DÜRFEN FREI WERDEN!

Kapitel 1

Frei gemacht von seelischen Verletzungen

Fühlen Sie sich einsam? Meinen Sie vielleicht, daß sich niemand um Sie sorgt oder daß niemand Sie versteht? Fühlen Sie sich unwürdig, unzulänglich, minderwertig? Haben Sie manchmal den Eindruck, keine Freunde zu haben? Sie sind nicht der einzige, der sich so vorkommt. Die Welt ist voll einsamer, verletzter Menschen. Wir haben unzählig viele Menschen kennengelernt, die krampfhaft versuchen, glücklich auszusehen und doch im Inneren zutiefst verletzt sind.

Haben Sie jemals einen Bekannten oder Nachbarn gefragt: „Wie geht es Ihnen?“ — und bekamen schnell die Antwort: „Gut, danke, sehr gut.“ Dann, wenige Sekunden später, erkannte der Angesprochene, daß die Frage wirklich ernst gemeint war — daß Sie wirklich wissen wollten, wie es ihm ging. Zögernd teilte er Ihnen dann mit: „Eigentlich geht es mir gar nicht gut. Ich bin innerlich verletzt worden. Ich habe eine große Not. Ich brauche dringend Gebetshilfe.“ Plötzlich verschwand die Maske und Sie konnten im Gebet mit ihm übereinkommen und den Herrn bitten, die Wunde zu heilen und diesen Bekannten von seiner Einsamkeit oder seinem Problem zu befreien.

Zwar glaube ich von ganzem Herzen, daß man immer das Positive bekennen soll. Und doch sagt das Wort Gottes, daß man eine Wunde nicht einfach dadurch heilen kann, daß man so tut, als wäre sie nicht vorhanden (Jeremia 6, 14). Manchmal ist es unbedingt erforderlich, daß wir mit unseren Seelenwunden zu einem Freund oder Seelsorger gehen — oder daß wir uns die Zeit nehmen, uns den Kummer eines anderen anzuhören. Durch Gebet ist Gott in der Lage, unsere Wunden zu reinigen und zu heilen! Erst dann können wir in aller Ehrlichkeit bekennen: „Es geht mir wirklich wunderbar!"

URSACHEN DER SEELISCHEN VERLETZUNGEN

Aus vielen Gründen können Menschen sich verletzt und von anderen nicht angenommen und geliebt vorkommen. Kinder, die nicht geplant und nicht erwünscht waren, haben besonders damit zu kämpfen. So viele Kinder wurden außerehelich empfangen, während die Mutter betrunken oder „high" war und ihr der Gedanke, für ein neues Leben verantwortlich sein zu müssen, widerlich vorkam. In vielen Fällen dachte die Mutter daran, das Kind abtreiben zu lassen, vielleicht unternahm sie etwas in dieser Richtung, aber ohne Erfolg.

Man sagt uns, daß Kinder, die unerwünscht auf die Welt kommen, von vornherein seelisch wund sind, so, als wüßten sie, daß man sie nicht wollte. Manchmal weisen Ärzte Krankenschwestern an, neugeborene Babys besonders lieb und zart zu behandeln. Dadurch sollen diese Babys alle negativen Gefühle schon am Anfang ihres Lebens überwinden. Auch wenn ein unerwünschtes Kind keine körperlichen Defekte hat, bekommt es später ganz gewiß seelischen Kummer.

Eines Tages erhielt ich aus einem anderen Bundesstaat einen teuren Anruf. Eine Mutter war am Apparat und bat mich, für ihre dreijährige Tochter zu beten, die sie adoptiert hatte. Sie erklärte die Symptome, die das Kind hatte: Es weinte die ganze Zeit, hatte tiefverwurzelte Ängste und litt unter Alpträumen; es fühlte sich einfach nicht angenommen. Ich fragte sie, ob das Kind in der Nähe sei. „Ja", sagte sie. „Es ist nebenan." Ich bat sie, das Kind zu holen und es, während ich beten würde, zu sich auf den Schoß zu nehmen.

Einige Wochen später erhielt ich folgenden Brief von dieser Frau:

Liebe Betty,
aus lauter Verzweiflung rief ich bei Ihnen an, weil ich mit unserer dreijährigen Adoptivtochter nicht mehr weiter wußte. Als wir sie in unserer Familie aufnahmen, war sie von ihren eigentlichen Eltern vernachlässigt und sogar geschlagen worden. Die natürliche Mutter hatte sich nie ein Kind gewünscht. Die Kleine schrie und weinte so erbärmlich, daß meine Geduld bald erschöpft war. Ich wußte wirklich nicht, was ich machen sollte. Sie konnte stundenlang schreien und heulen. Manchmal wurde sie dabei hysterisch. Beim letzten Anfall wußte ich, daß wir etwas unternehmen mußten, denn sie wurde ganz hysterisch und konnte immer nur wiederholen, daß sie mich lieb habe. Sie hatte eine schreckliche Angst und wollte es mir nicht gestatten, sie auch nur einen Augenblick allein zu lassen. Ich versuchte zwar, für sie zu beten, aber das wollte sie nicht. Sie meinte, sie würde Angst bekommen, wenn ich betete.

Ich hatte Ihr Buch „Innere Heilung" gelesen, und es hatte einen großen Eindruck auf mich gemacht. Ich kam zu der Überzeugung, Debbie brauche innere Heilung. Wegen des Verhaltens ihrer natürlichen Eltern fühlte sie sich nicht angenommen. Darum rief ich bei Ihnen an, so daß Sie am Telefon mit ihr beten konnten. Sie sagten mir, ich müsse die Kleine zu mir auf den Schoß nehmen, während Sie beten würden. Seitdem ist Debbie wie verwandelt. Nachts bekommt sie keine fürchterlichen Alpträume mehr. Sie muß nicht mehr so weinen und bekommt auch keine Anfälle mehr. Wenn sie morgens aufwacht, fängt sie an zu singen statt zu weinen.

Ich danke Gott für den Dienst der inneren Heilung, den Er Ihnen anvertraut hat..."

Dieses Kind war schon vor der Geburt unerwünscht und fühlte sich deswegen verletzt, obwohl die Adoptiveltern es liebten und behalten wollten. Durch die Ablehnung, die das Kind schon vor der Geburt zu spüren bekam, war ein Geist eingedrungen, der das Leben des Kindes zerstören wollte. Als das Mädchen nach der Geburt auch noch von den Eltern mißhandelt wurde, wuchs der Einfluß dieses Geistes. Aber Gott verspricht in Joel 2, 25, daß Er uns die Jahre erstatten will, die die Heuschrecken gefressen haben. Das hat der Herr auch bei diesem Mädchen getan. Er zersprengte die Fesseln der Angst, die es diesem Mädchen unmöglich gemacht hatten, die Liebe ihrer neuen Eltern zu akzeptieren.

In unserem Unterbewußtsein können wir uns an Dinge erinnern, die zu der Zeit geschahen, als wir noch nichts bewußt wahrnehmen konnten. Während einer Frauenveranstaltung in einem anderen Bundesstaat wurde ich aufgefordert, etwas über innere Heilung zu sagen. Der Herr offenbarte mir, daß Er gerade jetzt hier einige Krankheiten heilte. Eine Frau stand auf und sagte: „Ich spürte ganz deutlich die Kraft des Herrn durch mich hindurchströmen, aber ich bin nicht nur körperlich geheilt. Der Herr hat mich heute in meiner Seele angerührt.“ Dann drehte sie sich um und fing an, den anwesenden Frauen davon zu erzählen:

„Als Betty um Heilung der Erinnerungen betete und Jesus bat, die Verletzungen zu heilen, die wir zur Zeit der Geburt erlebten, merkte ich, wie sich eine dunkle Belastung von mir hob. Ich habe immer gewußt, daß in einem Bereich meines Lebens eine innere Leere vorhanden war, doch wußte ich nicht, warum, denn meine Familie hat mich geliebt. Ich kenne den Herrn Jesus und bin mit Seinem Heiligen Geist erfüllt worden, doch hat es diese seltsame Leere immer gegeben, die ich nicht identifizieren konnte.

Meine Mutter hat mir einmal gesagt, daß sie bei meiner Geburt erst angenommen hatten, ich sei tot. Ich bin nämlich vorzeitig geboren. Es war zu Hause, nicht im Krankenhaus. Meine Mutter fing an, übermäßig zu bluten. Weil der Arzt dachte, ich wäre tot, ließ er mich von der Krankenschwester in einen Schuhkarton legen; dann ging er daran, das Leben meiner Mutter zu retten. Nachdem sie aufgehört hatte zu bluten und nicht mehr in Lebensgefahr schwebte, schaute sich der Arzt das angeblich tote Kind noch einmal an und entdeckte zu seiner Überraschung, daß es doch lebte. Als Betty den Herrn bat, die schmerzlichen Erinnerungen zu heilen, sah ich im Geiste, wie Jesus zu dem Schuhkarton hinüberging, das kleine, vorzeitig geborene Baby auf den Arm nahm und ihm Leben einatmete. Dann umarmte Er das Kind und schmuste herzlich mit ihm. In jenem Augenblick löste sich bei mir etwas. Ich bin geheilt worden! Preis dem Herrn, ich bin frei!"

Wir haben allzuoft zugehört, während Erwachsene unter Tränen ihr Herz ausgeschüttet haben: „Meine Mutter hat gesagt: »Ich mag dich nicht!« oder: »Ich mußte deinetwegen meine ganze Karriere aufgeben!« oder: »Wir hatten sowieso mehr Kinder, als wir versorgen konnten, dann kamst du!«"

Eine erwachsene Frau sagte: „Meine Mutter erzählte mir, daß sie versucht hatte, mich abzutreiben, als sie entdeckte, daß sie mit mir schwanger war." Eine andere Frau erzählte: „Meine Mutter lief von meinem Vater weg, als sie merkte, daß sie schwanger geworden war. Als ich Kind war, sagte sie mir immer wieder, wie schwer es sei, meinen Lebensunterhalt zu verdienen. Ich fühlte mich stets schuldig, weil sie meinetwegen so schwer arbeiten mußte."

Eine andere Frau berichtete, daß ihre Mutter immer zu ihr gesagt habe, wenn sie sich daneben benahm: „Ich bringe dich eines Tages dorthin, wo du herkamst." Damals wußte sie noch nicht, daß sie adoptiert war. Aber als sie in der fünften Klasse war, ließ sie eine verantwortungslose Lehrerin wissen, daß sie Vollwaise sei. Das Mädchen war erschüttert. Sie sagte: „Immer wieder mußte ich daran denken. Ich hatte furchtbare Angst, meine Mutter würde ihre Drohung wahrmachen und mich tatsächlich wieder ins Waisenhaus stecken." Danach horchte sie oft an der Tür ihrer Eltern, um zu entdecken, ob diese sie wirklich zurückschicken wollten oder nicht.

Eine seelische Verletzung kann auch leicht entstehen, wenn ein Kind weiß, daß die Eltern lieber ein Baby vom anderen Geschlecht gehabt hätten. Ein solches Kind empfindet die Enttäuschung der Eltern mit. Eine Frau, die über Jahre hinweg zu den verschiedensten Psychiatern gegangen war, erzählte mir, ihr Vater habe so sehr einen Jungen gewünscht, daß er ihr den Jungennamen gab, den er sich vor der Geburt ausgesucht hatte. Als sie älter wurde, nahm sie der Vater mit aufs Feld, um dort zu helfen. Sie mußte sich wie ein kleiner Junge in Jeans und Stiefeln kleiden. „Dann wurde meine kleine Schwester geboren. Ach, welch' schöne Augen sie hatte — groß und blau — und krauses, blondes Haar. Sie war einfach eine Schönheit. Mein Vater war gar nicht darüber enttäuscht, daß es ein Mädchen geworden war, denn sie war ja so schön. Wie hätte es anders sein können? Meine Eltern liebten sie sehr, doch fühlte ich mich derweil verachtet, weil meine Eltern so sehr über mich enttäuscht waren.

Meine kleine Schwester blieb zu Hause und tat Frauenarbeit. Sie lernte das Kochen und den Haushalt, aber ich mußte immer mit meinem Vater zusammen aufs Feld gehen, um dort zu helfen. Einmal wollte ich Klavierstunden nehmen, aber meine Eltern konnten für beide Mädchen nicht bezahlen, also bekam meine schöne Schwester den Klavierunterricht. Als ich älter wurde, wußte ich nicht mehr, wer ich eigentlich war. Ich wußte nur eins: Mir war elend zumute und ich haßte mich selbst."

Bei einer solch ungesunden Basis ist es kein Wunder, daß dieses Mädchen bald anfing, außerhalb ihrer Familie nach Liebe zu suchen. Als Teenager hatte sie wechselnde sexuelle Beziehungen. In der Ehe sowie nach dem Scheitern dieser Ehe suchte sie ständig nach Liebe und Annahme, damit sie ihr eigenes Ich aufbauen könnte, das durch die Behandlung, die sie von ihren Eltern bekommen hatte, kaputt gegangen war. Erst in späteren Jahren begann sie, die Liebe Gottes zu ihr zu erkennen. Schließlich konnte sie anfangen, sich selbst anzunehmen und einzusehen, daß Gott sie heilen wollte.

Eine andere Frau erzählte uns, wie ihre Eltern sie immer mit den Worten vorgestellt hatten: „Dies ist Janie. Sie hätte ein Junge werden sollen!" Eine andere Mutter stellte ihre Tochter so vor: „Dies ist mein kleiner Unfall." Als das Mädchen erwachsen war, tat es ihr immer noch weh.

Noch eine andere Mutter sagte im Beisein ihrer Tochter: „Dieses Kind habe ich während der Wechseljahre bekommen.“ Dann erzählte sie weit und breit, wie alle anderen Kinder schon groß waren und sie sich auf ein schönes Leben eingerichtet hatte, als die Elisabeth geboren wurde. Dann fügte sie resignierend hinzu: „Ich hätte meinen Mann umbringen können, als ich entdeckte, daß ich schwanger war.“

Ähnliche Geschichten bekommen wir immer wieder zu hören. Die Eltern haben meistens keine Ahnung, daß sie mit diesen Redensarten so viel Schaden anrichten. Aber den Kindern, die sich ein Leben lang solche Bemerkungen gefallen lassen müssen, klingt die Abwertung ständig im Ohr, als würde man ihnen ein Tonband vorspielen: „Ich war nicht geplant; ich bin unerwünscht; alle waren über mich enttäuscht.“ Auch wenn solche Kinder später viel Liebe bekommen und ein gutes Zuhause miterleben, sind doch Sätze wie: „Dies ist mein kleiner Unfall!“ oder „Sie hätte ein Junge sein sollen!“ unauslöschlich in ihr Gedächtnis eingegraben.

Ich möchte hier eine deutliche Warnung aussprechen, denn die meisten von uns haben sich auf diesem Gebiet irgendwo schuldig gemacht. Wenn ein Baby unterwegs ist, freut man sich darüber und möchte von ganzem Herzen das Kind bekommen. Man freut sich auf das kleine Wesen. Dann sagt vielleicht der Vater: „Ich möchte einen Jungen.“ Oder die junge Mutter sagt: „Ich hätte gern ein Mädchen.“ Sie wählen Namen, sie hoffen und planen, vielleicht kaufen sie nur blaue Kleidung, wenn es ein Junge sein soll, oder nur rosa, wenn sie lieber ein Mädchen hätten. Aber die ganze Zeit über wissen sie, daß keine Möglichkeit besteht, in irgendeiner Weise das Geschlecht des Kindes zu beeinflußen; und doch hoffen sie, daß das Kind so wird, wie sie es haben möchten. Wir sollten uns jedoch davor hüten, uns unbedingt auf einen Jungen oder ein Mädchen festzulegen, denn, wenn es nicht so kommt, wie wir dachten, wirkt sich die Enttäuschung sehr negativ auf das Kind aus. Wir sollten lieber dem Herrn danken für das Kind, das Er geschenkt hat, ob Junge oder Mädchen.

In Psalm 139, 13—16 lesen wir: „Denn Du hast meine Nieren bereitet und hast mich gebildet im Mutterleibe. Ich danke Dir dafür, daß ich wunderbar gemacht bin; wunderbar sind Deine Werke; das erkennt meine Seele. Es war Dir mein Gebein nicht verborgen, als ich im Verborgenen gemacht wurde, als ich gebildet wurde unten in der Erde. Deine Augen sahen mich, als ich noch nicht bereitet war, und alle Tage waren in Dein Buch geschrieben, die noch werden sollten und von denen keiner da war."

Ich erinnere mich an eine Familie, die zwei Söhne hatte. Dann wurde die Frau wieder schwanger. Das Baby sollte diesmal ein kleines Mädchen werden, doch kam wieder ein Junge. Die enttäuschte Mutter machte aus diesem Jungen einen ganz verweichlichten Muttersohn. Heute noch versucht er, die Rolle eines Mädchens zu spielen.

Eine andere Mutter wollte unbedingt, daß ihre Söhne 1,90 Meter groß werden sollten, obwohl sie und ihr Mann klein sind. Sie hätte auch gern ein Mädchen gehabt und nicht nur Söhne. Die Söhne litten unter ihrer Enttäuschung, daß sie weder der körperlichen Gestalt noch dem Geschlecht nach ihren Vorstellungen entsprachen. Um ihr Wachstum zu beschleunigen, bekamen die Jungen Hormonspritzen vom Arzt; aber es blieb nicht aus, daß sie sich nicht angenommen fühlten und Minderwertigkeitskomplexe bekamen. Als mir die Mutter diese Geschichte erzählte, weinte sie und sagte: „Was habe ich bloß meinen Kindern angetan?"

Sie hatte nicht nur den Wunsch gehabt, daß die Söhne größer werden sollten, sondern hegte auch das Verlangen, ihr Mann möge größer werden. Ich sagte ihr: „Wissen Sie, was Sie anstellen? Sie versuchen, Gott zu manipulieren!"

Sie war schockiert und sagte: „Ich weiß nicht, was Sie meinen."

„Eigentlich beten Sie doch gar nicht, sondern Sie fordern von Gott, daß Er Ihren Mann und Ihre Söhne wachsen lasse. Liebt Sie Ihr Mann denn?"

„Ja, er liebt mich sehr."

„Liebt er Sie auch so, wie Sie sind?" (Das fiel ihm bestimmt nicht schwer, denn sie war eine reizende Frau.)

„Ja, er liebt mich so, wie ich bin."

„Wie fühlten Sie sich denn, wenn Ihr Mann immer wieder sagen würde: »Ich möchte, daß du um drei Zentimeter wächst; du bist zu kurz« oder: »Ich möchte, daß du deine Augenfarbe änderst; ich wollte immer eine Frau mit glauben Augen«?"

„Ach, wie schrecklich."

Dann sagte ich sanft: „Können Sie sehen, was Sie Ihrem Mann und Ihren Kindern antun? Sie können sich selbst nicht ändern, doch haben Sie ihnen und auch Gott gezürnt." Dann führte ich sie ins Gebet: „Gott, ich bitte Dich um Vergebung für meinen Widerstand und meinen Eigenwillen. Ich vergebe Dir, daß Du meinen Mann und meine Söhne so klein gemacht hast. Ich danke Dir, daß sie so sind, wie sie eben sind."

In dem Augenblick, als sie dieses Problem dem Herrn übergab, begann sie auch, für sich selbst Heilung zu empfangen. Vorher hatte sie einfach nicht erkannt, daß ihre Söhne und ihr Mann so sehr unter ihrer Ablehnung hatten leiden müssen. Seitdem sie sich aber bekehrt hat und mit dem Heiligen Geist erfüllt wurde, betet sie, daß Gott die Wunden heilen möge, die sie verursacht hat.

Wir können und sollen darum beten, daß der Herr unsere Kinder zu dem machen möchte, was sie in Ihm sein sollten. Wir sollten Gott jedoch für alles danken, was sowieso nicht zu ändern ist: für ihr Geschlecht, ihre Körpergröße, ihre Haar- oder Augenfarbe.

Das Gefühl, von den anderen nicht angenommen zu sein, taucht besonders oft in der Familie auf, aber auch in allen möglichen anderen Situationen. Zum Beispiel fühlt sich der einzige Christ am Arbeitsplatz von den anderen abgelehnt. Werden Sie von allen Nichtchristen ignoriert und von ihren Unterhaltungen ausgeschlossen? Fühlen Sie sich dann vernachlässigt? Schleicht sich vielleicht ein wenig Selbstmitleid oder Verärgerung in Ihr Gefühlsleben ein? Gerade in derartigen Situationen müssen Sie lernen, zu sagen: „Gott, Du hast es zugelassen, daß ich in diese

Lage hineinkam. Ich fühle mich, als wäre ich aus der Gemeinschaft ausgestoßen. Aber ich will Dich dafür preisen und loben. Ich weiß, Du willst mich durch diese Erfahrung stark machen."

Schauen Sie sich um; wahrscheinlich finden Sie irgendwo einen anderen einsamen Christen, der betet: „Herr, bitte schicke mir einen gläubigen Freund." Die Bibel sagt in 1. Thessalonicher 5, 16—18: „Seid allezeit fröhlich, betet, ohne nachzulassen, seid dankbar für alles; denn das ist der Wille Gottes in Christus Jesus für euch."

Abgelehnt wird man nicht nur in ungläubigen Kreisen. Auch in der Gemeinde kann es Spannungen geben, die dazu führen, daß einzelne oder sogar ganze Familien sich ausgestoßen fühlen. Pastorenfamilien haben oft besondere Schwierigkeiten, weil der Familienvater sich um so viele Anliegen kümmern muß, daß er für die Familie nicht mehr genügend Zeit hat.

Als der Herr mich und meinen Mann in den Dienst der inneren Heilung rief, wurden wir mit Briefen, Telefonanrufen und Gebetsanliegen geradezu überflutet. Auch am Wochenende führten wir Tag und Nacht seelsorgerliche Gespräche. Aber der Herr zeigte uns nach einer Weile, daß wir uns auch um die Nöte unserer eigenen Familie sorgen mußten. Zwar fiel es uns nicht leicht, aber wir hörten auf, uns der vielen Nöte anzunehmen. Nachts und am Wochenende dienen wir nur, wenn der Herr uns einen dringenden Auftrag gibt.

Manchmal fühlte ich mich ein wenig schuldig, wenn wir dann einen gemütlichen, ruhigen Abend mit unserer Familie zu Hause verbrachten. Ich dachte bei mir selbst: „Ich habe doch eine so lange Liste von Gebetsanliegen und Seelsorgefällen." Mich beschäftigten die vielen Dinge, die wir im Dienst tun sollten. Aber letztlich mußte ich einsehen, daß Gott uns die Familie schon geschenkt hatte, bevor wir unseren Dienst bekamen. Die Stunden, die Ed und ich mit den Kindern verbringen, sind genauso wichtig wie die Stunden, die wir damit verbringen, anderen Menschen zu helfen. Wir müssen immer für Gleichgewicht sorgen!

Ich meine, jede Mutter hat irgendwann das Gefühl, nicht

angenommen zu sein. Ganz besonders ist das so, wenn ihr Ehemann zusammen mit ihren Söhnen Stellung gegen sie bezieht. Väter sollen bedenken, daß ihre erste Verpflichtung die ist, zu ihrer Frau zu stehen. Stehen Sie treu Ihrer Frau zur Seite! Seien Sie um sie besorgt! Und wenn Sie sich mit Ihrer Frau nicht einigen können, sprechen Sie sich nicht vor den Kindern mit ihr aus!

Nichts kann schädlicher sein, als wenn ein Vater es erlaubt, daß seine Kinder seine Frau kritisieren. Es kann sich zu einer regelrechten Tragödie entwickeln, wenn sich bewußt oder unbewußt ein Elternteil zusammen mit den Kindern gegen die Interessen des anderen Elternteils sträubt.

Es gibt natürlich viele andere Situationen, die dazu führen, daß man sich innerlich verletzt oder nicht angenommen fühlt. Diese Komplexe können von Verwandten oder deren Erziehungsprinzipien hervorgerufen werden. Wie sehr danke ich Gott dafür, daß ich selber in einem christlichen Elternhause aufwachsen durfte bei Eltern, die mich von ganzem Herzen liebten! Vielleicht wurden Sie von Ihren Eltern nicht richtig angenommen; vielleicht waren es die Großeltern, die Geschwister oder Stiefeltern, die Ihnen Schwierigkeiten gemacht haben.

War ein Elternteil in Ihrer Familie Alkoholiker? Vielleicht war ein Elternteil krank, so daß Sie als Kind nicht richtig gepflegt wurden. Beide Eltern sind vielleicht arbeiten gegangen, so daß Sie als Kind viel allein waren. Wenn Sie von Ihrem irdischen Vater nicht geliebt wurden, könnte das durchaus Ihre Beziehung zu Ihrem himmlischen Vater beeinträchtigen.

Spielte Ihre Mutter Karten oder Tennis? War Ihr Vater immer auf der Jagd oder zum Golfspielen unterwegs? Wurden Sie als Kind immer zu Hause gelassen? Sind Sie Strohwitwe, weil Ihr Mann ständig fort ist? Viele Ehefrauen leiden darunter, daß ihr Ehemann „arbeitssüchtig“ zu sein scheint.

DIE GESCHICHTE VON NATALIE

Ich lernte ein Mädchen kennen, das die Liebe eines Vaters nie zu spüren bekommen hatte — und deswegen fast ihr ganzes Leben ruiniert hätte. Natalie wuchs in einer Familie auf, die sehr wohlhabend war. Der Vater war aber herrschsüchtig und aggressiv, die Mutter dagegen ganz passiv. Sie konnte tun, was sie wollte — sie konnte ihren Eltern jedoch nie gefallen. Weil sie sich von ihnen abgelehnt fühlte, versuchte sie, einen Platz in ihrem Herzen zu verdienen. So wurde sie genau wie ihr Vater, indem sie seinen herrschsüchtigen, aggressiven Stil übernahm. Doch fügte sie etwas Humor hinzu und bemühte sich, auch für andere zu sorgen. Die Familie ging gelegentlich in die Kirche, aber geistliche Werte waren ihnen nicht wichtig.

Natalie ließ sich an der Hochschule ausbilden, dann wurde sie Lehrerin und heiratete verhältnismäßig früh. Ihr Mann kam aus ganz anderen sozialen Verhältnissen. Zwar war er ein Genie, doch wies er gewisse neurotische, sogar paranoide Tendenzen auf. Er mißhandelte sie körperlich und auch geistig. Weil Natalie nicht zugeben wollte, einen Fehler gemacht zu haben, versuchte sie, die Ehe aufrechtzuhalten.

Nachdem den beiden ein Sohn geboren wurde, verschlimmerte sich alles: ihr Mann beging Ehebruch. Nachdem er Natalie beinahe umgebracht hätte, ließ er sich von ihr scheiden. Sie versuchte, ein neues Leben aufzubauen, aber nichts schien ihr zu gelingen. Sie gab sich ihrem Beruf hin. Ihrem kleinen Sohn widmete sie ihre ganze Liebe.

Nach einer Weile heiratete sie wieder — diesmal einen Mann, der sechs Jahre jünger war als sie. Dieser Mann hatte keine traumatischen Erlebnisse hinter sich und war passiv, so daß sie in der Familie die Hosen anhatte und die Rolle des Vaters schnell übernahm. Es wurden bald zwei Tatsachen deutlich: sie konnte diesen Mann, den sie so leicht beherrschen konnte, nicht respektieren. Und weil sie sich noch an die Mißhandlungen durch ihren ersten Mann erinnerte, wurde sie beim Geschlechtsverkehr mit ihrem neuen Mann hysterisch.

Auch diese Ehe stand also an der Schwelle zur Scheidung, als einige Freunde die beiden zu einer Veranstaltung einluden, wo ich über innere Heilung sprechen sollte. Natalie war inzwischen so verzweifelt, daß sie sogar bereit war, in einen Gottesdienst zu gehen und „sich retten zu lassen", wie sie es nannte. Sie betete dann tatsächlich, daß der Heiland ihr vergeben möchte, und bat die ganze Gruppe, mit ihr um innere Heilung zu beten. Danach sagte sie: „Ich fühle mich in meiner Seele herrlich und frei." Als sie zu Hause ankam, konnte sie gleich in der ersten Nacht sexuelle Liebe geben und nehmen, ohne hysterisch zu werden. Für sie wurde durch die innere Heilung die körperliche Seite der Ehe zu dem schönen, heilsamen Erlebnis, das sie nach dem Willen Gottes eigentlich sein sollte.

Der Herr hat so viel für diese Familie getan. Eine Woche später bekehrte sich ihr Mann und auch der Sohn. Seit einem Jahr hat sie jetzt eine verantwortliche Stellung in der Schule. Zu Hause hat ihr Mann wieder die Hosen an. Beide sind aktive Mitglieder einer Kirchengemeinde. Am besten noch ist, daß sie neulich schwanger wurde, nachdem sie viele Jahre lang ihrem Mann diesen Wunsch ausgeschlagen hatte.

WEITERE URSACHEN FÜR INNERE VERLETZUNGEN

Wurden Sie schon in der Schule von den anderen ausgelacht? Werden Sie heute auf Ihrem Arbeitsplatz von anderen verhöhnt? Es kann sogar sein, daß Sie um Ihres Glaubens willen aus der sozialen Gemeinschaft Ihrer Kirche ausgeschlossen werden, wenn man dort Ihre neuerlichen geistlichen Erlebnisse nicht versteht.

Es kann sogar vorkommen, daß Sie sich von Ihrem Ehemann abgelehnt fühlen, auch wenn dieser Sie von ganzem Herzen liebt. Wenn die Kinder älter geworden sind und von zu Hause weggehen, fühlt man sich wie ausgestoßen. Im Alter wird man oft von Familie und Freunden getrennt und kommt sich einsam und betrübt vor.

Manche Leute fühlen sich wegen ihres Aussehens von anderen verachtet. Hautfarbe, ungewöhnliches Erscheinen oder physische Entstellungen können der Anlaß dafür sein, daß man von anderen verachtet wird. Behinderte leiden oft sehr darunter, daß andere sie so neugierig anstarren. Sie empfinden es aber auch als grausam, wenn sie ignoriert und aus der Gemeinschaft ausgestoßen werden.

Besondere Traurigkeit löst es aus, wenn einem ein Freund, dem man sein ganzes Vertrauen geschenkt hat, den Rücken kehrt. Vielleicht wissen Sie gar nicht, warum es geschah; vielleicht haben Sie schon versucht, eine Versöhnung in die Wege zu leiten; aber dieser Freund will nicht einmal sagen, warum er beleidigt ist — geschweige denn sich versöhnen. In seinem Buch „Let Go" schreibt der französische Erzbischof Fénélon, daß wir solche, die uns verletzt haben, lieben und die Situation aus der Hand Gottes annehmen sollen.

„... Du solltest lernen, andere zu lieben, ohne Gegenliebe zu erwarten. Die Menschen sind von Natur aus treulos. Sie lieben uns, dann verlassen sie uns. Sie gehen und sie kommen. Sie flattern von einem Standpunkt zum anderen, wie ein Drachen im Wind oder wie eine Feder in der Brise. Sollen sie tun, was sie wollen. Sei du nur gewiß, daß du allein Gott in all diesem erkennst. Die Menschen können dir sowieso nichts antun, ohne daß Gott es zuläßt. Letztendlich ist es Gott, der uns prüft oder segnet, je nachdem wie wir es nötig haben."

Vielleicht sind Sie innerlich verletzt, weil Ihre Ehe vor dem Scheidungsrichter endete. Hat sich Ihr Mann oder Ihre Frau in einen anderen verliebt und will diesen neuen Partner heiraten? Wenn Sie Ihren Partner durch die Scheidung oder durch den Tod verloren und darum ganz und gar erschüttert sind, wird Satan bestimmt versuchen, Sie durch das Gefühl, ausgestoßen zu sein, zu verzehren.

Das Leid, das wir tragen, wenn der geliebte Partner durch den Tod von uns genommen wird, ist manchmal leichter zu bewältigen als das herzzerreißende Gefühl, das von einer Ehescheidung hervorgerufen wird. Ehescheidungen lassen immer große, offene Wunden zurück, und diese heilen nicht ohne weiteres, weil sie ständig neu aufgerissen werden. In der Wunde selbst befindet sich oft ein Splitter von Haß, Bitterkeit, Neid, Selbstmitleid o. ä., so daß die Wunde unmöglich ausheilen kann.

Sie leiden aus diesem oder anderen Gründen unter inneren Schmerzen. Aber ich möchte Ihnen zurufen, daß Sie nicht allein sind. Gott liebt Sie; Er kannte Sie, ehe Er diese Welt schuf. Er ließ es zu, daß Sie gerade in Ihrer Familie und gerade unter diesen Umständen aufwuchsen. Wenn Ihre Kindheit unglücklich war, denken Sie nicht nur ständig an die Vergangenheit. Geben Sie nicht Ihren Eltern oder Ihrer Umwelt alle Schuld für das Herzeleid, das Ihr Leben prägte. Gott sagt uns, wir sollen die Vergangenheit vergessen und uns nach dem ausstrecken, was vor uns liegt (Philipper 3, 13).

Wenn Sie in Ihrem Herzen Unversöhnlichkeit gegen Ihre Eltern, Ihre Familie, Ihren Mann, Ihre Frau, Ihre Kinder oder sonst jemanden, der Ihnen Leid zugefügt hat, hegen, sollten Sie ihm oder ihr unverzüglich vergeben und Gott bitten, Ihnen die negative Einstellung zu vergeben. Natürlich hatten die anderen unrecht, als sie Ihnen Unrecht taten, aber die Bibel sagt uns: „Wenn ihr den Menschen ihre Verfehlungen vergebt, so wird euch euer himmlischer Vater auch vergeben. Wenn ihr aber den Menschen nicht vergebt, so wird euch euer Vater eure Verfehlungen auch nicht vergeben" (Matthäus 6, 14–15).

EIN WUNDER NACH GEIST, SEELE UND LEIB

Folgendes Zeugnis ist der Bericht eines Mädchens, dessen Leben durch das Nicht-Angenommen-Sein vollends zerstört wurde. Daß sie geheilt wurde, können wir nur der Kraft und Herrlichkeit unseres Gottes zuschreiben.

Es war ein sehr schönes Mädchen. Ihre Augen waren hübsch, ihre Haut makellos, ihr Lächeln anziehend. Als ich ihr aber sagte, wie hübsch sie sei, fragte sie mich ungläubig: „Meinen Sie wirklich?“ Sie fühlte sich so häßlich und minderwertig, daß sie es kaum glauben konnte, wenn jemand sie schön fand.

Ihre Geschichte war beinahe unglaublich. Sie hatte einige Geschwister. Ihre Mutter war still und bescheiden, ihr Vater dagegen anmaßend und herrschsüchtig. Als der Vater während des Krieges fort war, hatte sich die Mutter in einen anderen verliebt und war schwanger geworden. Aus der Verbindung ging dieses Mädchen hervor. Kurz bevor der Ehemann vom Krieg nach Hause kam, wurde dieses Mädchen geboren.

Sie erzählte: „Wissen Sie, Betty, ich kann mich nur daran erinnern, wie mich mein Vater so oft ohne Grund schlug. Manchmal rief er mich einfach ins Haus und verdrosch mich, ohne daß ich etwas Böses getan hätte. Oft spielte ich mit meinen Geschwistern, und plötzlich nahm mir Papa das Spielzeug weg und gab es einem meiner Brüder oder Schwestern.“

Sie setzte die tragische Geschichte fort. Als sie noch sehr jung war, rief sie eines Tages der Vater zu sich und zeigte ihr ein Blatt Papier. Er sagte: „Ich möchte dir dieses Papier zeigen. Es ist deine Geburtsurkunde. Du bist nicht mein Kind. Du wurdest geboren, während ich fort von zu Hause war.“ Das kleine Mädchen verstand nicht, was er meinte, doch begriff sie, daß sie ihrem Vater nicht gehörte, daß sie unerwünscht war — und daß man sie nicht so liebte wie die anderen Kinder.

Die Wunde wurde dadurch unendlich vertieft, daß sie während ihrer Teenager-Jahre wiederholt von ihrem „Vater“ sexuell mißbraucht wurde. Die Familie war offensichtlich nicht gläubig. Sie sagte: „Meine Jugendjahre waren für mich ein einziger Alptraum.“ Um von zu Hause fortkommen zu können, heiratete sie recht bald. Bald nach der Hochzeit wurde ihr ein kleiner Sohn geboren.

Ein Jahr, bevor sie zu uns ins Haus kam, lernte sie den Herrn Jesus als ihren persönlichen Erlöser kennen. Sie sagte mir: „Mein Leben ist dermaßen anders geworden! Ich habe jetzt so viel Freude und weiß um den Sinn meines Lebens.“ Sie fügte hinzu, daß sie die Taufe im Heiligen Geist ebenfalls empfangen habe. Aber dann wurde ihr Gesicht betrübt, und sie sagte: „Betty, eins verstehe ich nicht. Ich dachte, ich würde nach meiner Bekehrung hundertprozentig anders werden. Ich dachte, ich würde vom Haß und von der Bitterkeit ganz und gar befreit werden." Leise sprach sie weiter. „Ich dachte, ich würde meinen Mann nachher so lieben, wie eine Ehefrau das sollte, aber ich bin immer noch in Knechtschaft. Ich hasse nämlich immer noch meinen Vater. Deswegen komme ich mir immer noch so häßlich vor."

Dann fuhr sie fort: „Es bricht mir das Herz, daß mein Mann kein Christ ist. Aber er sieht nicht genug Frucht in meinem Leben, daß er sich würde bekehren wollen."

Zusammen beteten wir um innere Heilung und baten den Herrn, sie von allem Haß und von aller Bitterkeit, sowie von allen Minderwertigkeitsgefühlen frei zu machen. Wir baten Jesus, durch jeden Augenblick ihres bisherigen Lebens zu wandeln und jede schmerzvolle Erinnerung zu heilen. Ich erklärte ihr weiter, daß es nicht ihr Vater sei, der sie mißhandelt habe, sondern der Teufel, der durch ihn wirkte.

Und dann sagte ich etwas, das bestimmt vom Herrn kam: „Wissen Sie — Sie wurden aus Liebe empfangen. Aus dem, was Sie mir erzählten, glaube ich schon, daß Ihre Mutter Ihren Vater haßte. Aber doch wurden Sie in Liebe empfangen." (Niemand soll denken, daß ich den Ehebruch gutheißen will; er ist immer verkehrt und verursacht Schuld und Verdammnis.)

Doch war es in dieser Situation offensichtlich richtig, daß ich diesen Satz aussprach, denn das Gesicht der jungen Frau wurde auf einmal hell und sie sagte: „Ja, Sie haben recht. Ich wurde in Liebe empfangen. Ich war doch erwünscht. Gott hat mich von vornherein gekannt." Dann betete sie: „Herr, ich danke Dir und preise Dich, daß ich auf diese Art und Weise geboren wurde."

Der Herr machte sie daraufhin von allen negativen Kräften frei. Auf Seine kostbare Weise reinigte Er die tiefen Wunden ihrer Vergangenheit. Alle schmerzvollen Erinnerungen wurden geheilt. Ihr Gesicht begann zu leuchten, während die heilende

Kraft Gottes durch sie hindurchströmte. Vorher war sie hübsch gewesen, jetzt war sie eine Schönheit. Sie wurde so mächtig mit dem Heiligen Geist erfüllt, daß ich mir Sorgen machte, sie könne sich beim Fahren nicht konzentrieren!

Wir verabschiedeten uns an der Tür, und ich sagte noch: „Der Herr will noch etwas sagen. Wenn Sie sich in heilsamer Weise Ihrem Mann hingeben können und er die Freude und die Kraft Gottes in Ihrem Leben sieht, wird er sich auch bekehren."

Am nächsten Morgen war sie beinahe in Ekstase, als sie bei mir anrief. Ihr Mann hatte sofort erkannt, daß etwas in ihr vor sich gegangen war.

Etwa sechs Wochen später rief sie noch einmal bei mir an und erzählte: „Betty, man hat mir eben gesagt, ich habe einen Gehirntumor. Ich muß sofort operiert werden." Ich fragte sie, ob sie auch dafür den Herrn preisen könne.

„Ja", antwortete sie, und zusammen lobten wir den Herrn dort am Telefon und baten Ihn, sie durch dieses Tal zu begleiten.

Wir können Gottes Wege nicht verstehen. Wie bei einem Puzzle kann man das Ganze erst erkennen, wenn alle Stücke zusammengefügt worden sind. Aber Gott sagt in Epheser 5, 20: „Und sagt Gott, dem Vater, allezeit Dank für alles, im Namen unsres Herrn Jesus Christus."

Sie vertraute dem Herrn. Sie betete und lobte und dankte Ihm, obwohl sie Sein Wirken nicht verstand. Kurz vor der Operation erkannte ihr Mann, daß er alle Kraft brauchen würde, die ihm zugänglich sei. Er erkannte, daß er ohne Jesus verloren sei. Er sah ein, daß er ohne den Herrn kraft- und saftlos lebte. In seiner Not rief er zum Herrn und nahm Ihn als seinen persönlichen Herrn und Erlöser an.

In vollkommenem Frieden ging sie in den OP, weil sie wußte, alles liegt in Gottes Hand. Die Operation verlief erfolgreich, und wenige Tage danach konnte ich mich mit ihr unterhalten. Sie freute sich über alle Wunder, die der Herr in ihrem Leben tat.

Sie erzählte: „Im Krankenhaus war mein Vater fast Tag und

Nacht bei mir. Er sagte, er wüßte nicht, was er machen sollte, wenn mir etwas zustoßen würde. Betty — er liebt mich! Er liebt mich wirklich!" Ich mußte an die Schriftstelle denken: „Der soll das Herz der Väter bekehren zu den Söhnen..." (Maleachi 3, 24).

Als ich diese junge Frau vor kurzem anrief und ihr dieses Zeugnis vorlas, damit sie prüfen konnte, ob ich alles richtig beschrieben hätte, sagte sie mir, ich müsse noch zweierlei hinzufügen. „Betty, schreiben Sie bitte noch zwei Sachen dazu. Stellen sie bitte klarer heraus, wie negativ meine inneren Verletzungen auf meine sexuelle Beziehung zu meinem Mann einwirkten. Eigentlich war ich frigide. Ich war in früheren Jahren mißhandelt worden und konnte daher nur meinen, mein Mann würde mich für seine Zwecke mißbrauchen. Aber Dank sei dem Herrn, das ist jetzt vorbei. Ich kann meinen Mann jetzt so lieben, wie Gott es will. Dieser Bereich meines Lebens ist vollständig umgekrempelt worden."

Dann fügte sie noch etwas hinzu: „Auch mein Verhältnis zu meinem Vater ist ganz und gar geheilt worden. Er ist inzwischen so liebevoll und besorgt um mich. Als ich meine Haare verlor, bezahlte er mir meine Perücken. Und er verbrachte 200 Stunden damit, für mich etwas zu schnitzen. Er sagte meiner Mutter, er mache es für »sein Liebstes«." Als ich diese Geschichte hörte, konnte ich nur noch sagen: „Danke, Herr, daß Du dieses Wunder der Aussöhnung herbeigeführt hast."

INNERE VERLETZUNGEN DURCH NERVLICHE KRANKHEIT

Eines Tages kam zu mir eine Mutter mit ihrem achtjährigen Sohn und der elfjährigen Tochter. Der Vater der beiden Kinder hatte einen Nervenzusammenbruch erlitten, so daß die Kinder einiges hatten durchmachen müssen. Der Mann war früher liebevoll und voller Wärme, jetzt aber war er kühl und gleichgültig seiner Familie gegenüber. Grundlos kritisierte und beschuldigte er sie.

Die Familie hatte einen tiefen, festen Glauben an Jesus. Es war wirklich eine Freude, derart ausgeglichene Kinder kennenzulernen — gerade in dieser Situation. Der Mutter stand ebenfalls ein Lob zu.

Und doch erklärte sie mir: „Die Kinder werden entmutigt. Sie fühlen sich abgestoßen. Es ist ihnen peinlich, was mit ihrem Vater vor sich geht. Mein Sohn fängt an, in der Schule Schwierigkeiten zu bekommen; und meine Tochter hat in diesem Schuljahr keine gute Beziehung zu ihrer Lehrerin, so daß sie auch dadurch in innere Nöte geraten ist. Könnten Sie bitte für uns alle beten, daß wir innere Heilung empfangen?"

Zusammen knieten wir nieder und brachten einen nach dem anderen zum Herrn. Im Namen des Herrn Jesu beanspruchten wir Autorität über die bösen Geister der Verachtung, der Verlegenheit, der Frustration, der Hoffnungslosigkeit usw. Dann baten wir gemeinsam Jesus, jede schmerzvolle Erinnerung zu heilen und die innere Leere mit Seiner Freude, Seiner Liebe und Seinem Frieden auszufüllen. Wir baten Ihn, den Kindern die väterliche Liebe zu geben, die sie zu der Zeit von ihrem irdischen Vater nicht bekamen.

Kurze Zeit später erhielt ich folgenden Brief:

Liebe Betty,
ich möchte Ihnen noch einmal dafür danken, daß Sie mit uns um innere Heilung beteten. Als unser Sohn mit seiner Schwester darüber redete, beschrieb er das Gebet als „großen Segen". Schon auf dem Weg nach Hause sagte er mir: „Weißt du, Mutti, das hatten wir die ganze Zeit nötig." Gepriesen sei der Herr! Am nächsten Tag bekam er in der Schule eine Eins und mußte deswegen eine Strafe nicht mehr absitzen, die der Lehrer ihm angedroht hatte. Als er nach Hause kam, schwebte er fast in den Wolken, denn er wußte um die totale Vergebung!

Unsere Tochter ist ebenfalls wieder freudig und ausgeglichen. Sie ist einfach von Gott angerührt worden. Jetzt betet sie für ihre Lehrerin. Sie weiß ganz genau, daß Jesus ihr helfen kann, wenn sie mit anderen Menschen Schwierigkeiten hat.

Auch ich habe eine neue Tiefe des Friedens in Gott erfahren. Gott hat meine Schmerzen ganz und gar weggenommen und mich vollständig geheilt; die Freude am Herrn ist in mein Leben zurückgekehrt. Ich freue mich nicht nur über das Wirken des Herrn, sondern auch über Ihn selbst!

VERLETZT DURCH MUTTER UND EHEMANN

Eine andere Frau schrieb mir einen Brief, in dem sie von der geheilten Beziehung zu ihrem Ex-Mann und ihrer Mutter erzählte. Der Herr hatte ihr innere Heilung geschenkt und dadurch alles möglich gemacht.

Mein ganzes Leben lang hatte mich das Gefühl geplagt, von anderen Menschen nicht akzeptiert zu sein. Als Kind empfand ich, daß mich meine Mutter nicht haben wollte; später bekam ich in der Ehe die gleiche Schwierigkeit. Durch des Herrn Hilfe erhielt ich die Kraft, das Ende meiner Ehe zu ertragen, denn mein Mann war nicht nur wiederholt untreu gewesen, er hatte mich auch ständig belogen und betrogen. Wir hatten uns vorher zweimal getrennt, aber mein Mann erzählte mir sogar, er habe sich bekehrt, nur damit ich zu ihm zurückkehre. Durch sein Leben aber bewies er binnen Kürze das Gegenteil — er fing nämlich wieder mit seiner Unzucht an. Nach der Scheidung versuchte ich, ein Leben mit Jesus Christus zu führen und ganz von vorne zu beginnen. Zu der Zeit hatte ich wirklich das Empfinden, Jesus würde mir im Alltag helfen.

Ich konnte also die Vergangenheit bewältigen. Als mein Mann zwei Monate nach der Scheidung zu mir kam und mich bat, ihm zu vergeben und mich mit ihm zu versöhnen, sagte ich ihm, ich würde ihm wohl vergeben, ich müsse mich jedoch weigern, wieder mit ihm zusammenzuleben. Jetzt sind wir einfach befreundet, und ich bete für seine Seele; es ist mir gar nicht schwergefallen, die ganze Angelegenheit Gott zu überlassen. Sicherlich wird Er das zustandebringen, was ich in all den Jah-

ren mit meinen Tränen und Beschuldigungen nicht fertigbrachte.

Nur meine Beziehung zu meiner Mutter blieb noch getrübt. Man kann sich ja nicht von seiner Mutter scheiden lassen! Niemals war es mir möglich gewesen, meiner Mutter zu gefallen. Weder meine Schwester noch ich waren jemals in der Lage, ihren Erwartungen zu entsprechen. Von vornherein hatte sie sich gegen unsere Ehemänner ausgesprochen. Sie konnte es nicht verstehen, daß wir überhaupt heiraten wollten.

Ihre Ehe mit unserem Vater hatte sie zu sehr enttäuscht. Auch mein Vater hatte ihr nie gefallen können. Nachdem er starb, konnte sich meine Mutter mit niemandem anfreunden. Sie lehnte es ab, regelmäßig einen Gottesdienst zu besuchen.

Jahrelang also hatte unsere Familie Streit. Wir stritten uns über unsere Ehe, über die Erziehung unserer Kinder, über die Einrichtung unserer Häuser usw. Meine Mutter verstand sich als „Märtyrerin", die von niemandem geliebt sei und um die sich niemand kümmere. Abwechselnd versuchten meine Schwester und ich, ihr zu gefallen, nur um unsere Schuldgefühle ihr gegenüber zu lindern; zwischenzeitlich haben wir uns meistens vollends mit ihr verkracht, weil wir uns gegenseitig überhaupt nicht leiden konnten. Dabei verließ uns nie das Gefühl, von ihr nicht angenommen worden zu sein.

Da meine Schwester krank wurde, war ich die einzige, die meiner Mutter bei der Hausarbeit helfen oder mal für sie einkaufen gehen konnte. Das wurde mir immer mehr zu einer Last, besonders als meine Ehe in die Brüche zu gehen drohte und gleichzeitig mein Beruf wirklich mein Alles forderte. Ich gelangte an einen Punkt, wo ich einfach jedesmal, wenn meine Mutter anrief, platzte.

Sie wohnte ganz in der Nähe, doch bestand sie darauf, ihr Konto bei einer Bank in einem weit entlegenen Stadtviertel, wo sie früher einmal gewohnt hatte, zu behalten. Sie wollte partout ihre Bank nicht wechseln; sie war der ganz festen Meinung, es könne mir gar nicht schaden, für sie dorthin zu fahren. Wenn ich Lebensmittel oder Kleidung für sie kaufte, war sie nie damit zufrieden: Immer hatte ich die verkehrte Marke mitgebracht, oder die Farbe war nicht richtig, usw.

Sie war auch der Meinung, man könne billiger einkaufen, wenn man zum Supermarkt fahren würde, der natürlich auch am anderen Ende der Stadt lag. Wenn sie Medikamente brauchte, durfte ich sie nie bei der Apotheke holen, die uns am Nächsten lag. Ich wurde voller Ressentiments. Ich tat zwar alles so, wie sie mir vorschrieb, doch stritt ich mich dauernd mit ihr und fühlte mich deswegen auch immer schuldig.

Das war meine Situation, als ich Sie eines Morgens bat, für mich zu beten. Ich lag hinten im Gottesdienstraum auf den Knien, während Sie ganz allgemein um innere Heilung für die Anwesenden beteten. Wegen der verzwickten Lage füllten sich meine Augen mit Tränen, aber dann kamen Sie zu mir. Ich schilderte Ihnen kurz die Situation, und Sie sagten mir, ich müsse alles für Jesus und nicht mehr für meine Mutter tun. Natürlich sagten Sie noch mehr, aber das war der Kern der Botschaft. Betty, ich habe seither versucht, Ihren Ratschlag zu verwirklichen. Nur zwei- oder dreimal hat es nicht geklappt, und dann habe ich immer den Herrn angerufen und um Vergebung gebeten. Ich glaube nicht, daß Jesus von mir erwartet, daß ich meine ganze Freizeit damit verbringe, Dinge zu tun, die unvernünftig und erschöpfend sind. Ich habe angefangen, alles für meine Mutter so zu tun, als hätten wir eine geschäftliche Beziehung zueinander. Ich versuche, alles möglichst schnell und kostensparend zu erledigen.

Ohne vorher etwas zu sagen, ließ ich das Guthaben meiner Mutter auf dieselbe Bank überweisen, wo ich selber Kunde bin. Diese Bank befindet sich nur wenige Minuten von ihrer Wohnung entfernt; ich brauche also nicht mehr eine ganze Stunde, um für sie Geld abzuheben. Ich kaufe jetzt in der Nachbarschaft für sie ein. Dadurch habe ich viel Zeit und auch viel Benzin gespart! Ich hatte deshalb auch mehr Zeit, um mich in unserer Kirchengemeinde zu engagieren und Verwandte zu besuchen. Ich verbringe außerdem mehr Zeit mit dem Herrn beim Gebet und Bibellesen.

Mich erstaunt die Einstellung meiner Mutter. Sie scheint die Tatsache ganz und gar akzeptiert zu haben, daß ich jetzt alles ganz anders mache. Sie beschwert sich zwar über dieses und jenes, aber sie vergißt es bald wieder — wenn ich selber nichts mehr sage.

In letzter Zeit haben meine Mutter und ich einige Abende zusammen verbracht. Ich nahm sie mit in ein Restaurant oder stattete mit ihr zusammen einen Besuch ab. Immer, wenn sie anfängt zu streiten oder sich zu beklagen, gebe ich ihr keine Antwort, sondern ich bete für sie. Ich habe ihr auch einige christliche Bücher geschenkt. Sie sagt zwar, daß sie sie nicht lesen würde, aber das glaube ich ihr nicht. Sie scheint im Begriff zu sein, sich zum Guten zu verändern. Preis dem Herrn!

GOTT LIEBT SIE!

Eine Dame, die zu uns kam, sagte: „Ich bin geisterfüllte Christin, aber ich leide unter Minderwertigkeitsgefühlen. Ich kann für den Herrn nichts ausrichten.“ Ich erwiderte: „Doch, Sie können jedem ein Zeugnis sagen, der Ihnen über den Weg läuft.“ Daraufhin erzählte sie, daß sie schon immer diese Gefühle gehabt habe. Sie halte sich selber für häßlich. In der Tat war sie eine stattliche, attraktive Frau; nur kam sie sich übergroß und ungeschickt vor. Sie meinte: „Meine Schwester war kleiner als ich und konnte alles besser.“

Während sie mit mir sprach, merkte ich, daß sie kein einziges Mal lächelte. Nicht ein einziges Mal! Ich dachte bei mir selbst: „Wenn diese Frau lachen würde, bekäme ihr Gesicht Risse.“

Sie fuhr fort: „Ich bin sicher, daß mich meine Mutter liebte, aber sie kritisierte früher alles, was ich tat. Ich bekam dadurch das Gefühl, ich könne überhaupt nichts richtig machen. Deswegen habe ich diese Minderwertigkeitsgefühle.“

Gemeinsam beteten wir und baten Jesus, sie von den bösen Geistern der Bitterkeit, Minderwertigkeit, Eifersucht und Angst vor Versagen zu befreien. Dann baten wir den Herrn, jede schmerzliche Erinnerung zu heilen und die Leere in ihrem Leben mit Seiner Liebe, Seiner Freude und Seinem Frieden auszufüllen. Er möge sie in der Frucht des Heiligen Geistes überfließend machen.

Dann kam es mir vor, als würde der Herr zu mir sagen: „Ich möchte, daß du ihr beibringst, wie man lacht.“ Ich fragte sie: „Würden Sie bitte etwas für mich tun? Drücken Sie bitte Ihre Wangen nach oben und lächeln Sie!“ Zwar kam mir das lächerlich vor, aber sie tat es trotzdem. Der Herr segne sie dafür! Während sie ihre Wangen nach oben drückte, fing sie an zu lächeln. Und ihr Gesicht bekam tatsächlich keine Risse! Statt dessen wurde sie mit einer tiefen Freude erfüllt, die aus ihrem Leben hervorzuquellen begann.

Ich sagte ihr: „Teilen Sie die Liebe und den Frieden Gottes mit jedem, der Ihnen bei der Arbeit begegnet. Denken Sie daran, daß wir eigentlich nicht berufen sind, als Zeugen Jesu zu *gehen,* sondern eher zu *sein.*“

Es war ihre Arbeit, bei einer großen Firma die Gehälter auszuteilen. Zweimal im Monat bekam sie alle Angestellten zu sehen. Ich sagte ihr noch: „Wenn Sie das nächste Mal die einzelnen zu sehen bekommen, lachen Sie sie an und beten Sie im Geist, daß Gott sie segne und ihnen die Weisheit gebe, das Geld in richtiger Weise auszugeben.“ Sie verließ mich mit großer Freude im Herrn; auf ihrem Gesicht war ein breites Lächeln!

Etwa zwei Wochen später klingelte nachmittags um 17.30 Uhr das Telefon. Diese Dame war dran, weil sie dem Herrn die Ehre geben wollte. „Lassen Sie mich erzählen, was alles geschehen ist! Ich habe das getan, was Sie mir empfahlen. Heute war der Tag, an dem die Angestellten ihre Schecks abholen sollten. Ich lachte jedem einzelnen zu und betete für sie alle, während ich das Geld aushändigte. Es muß eine gewaltige Veränderung in mir stattgefunden haben, denn drei Leute fragten mich: »Was ist mit Ihnen los? Sie sind so anders!«“

Die Bibel sagt, daß wir eine neue Schöpfung sind, wenn wir in Christo sind. Das Alte ist vergangen — siehe, es ist alles neu geworden (2. Korinther 5, 17). Auch diese Frau wurde zu einer neuen Schöpfung in Christus. Sie wandte das göttliche Prinzip aus Römer 12, 2 an: „Ändert euch durch Erneuerung eures Sinnes.“ Dadurch konnte sie die schmerzvollen Erfahrungen von früher vergessen. Jetzt wußte sie, was es heißt, ein Königskind zu sein, Miterbe mit Christus — ein besonderer Mensch mit einer besonderen Aufgabe. Sie benutzte jetzt ihre Stellung, um anderen von Jesus Christus etwas zu sagen.

Fühlen Sie sich auch innerlich verletzt? Haben Sie Minderwertigkeitskomplexe oder das Gefühl, von anderen Menschen nicht akzeptiert zu sein? Lassen Sie sich noch einmal etwas sagen: Gott kannte Sie schon, ehe Er diese Welt schuf. Gott liebt Sie. Sie liegen Ihm am Herzen! Sie sind Ihm so wertvoll, daß Jesus am Kreuz von Golgatha für Sie starb. Er wäre dort für Sie gestorben, wenn Sie der einzige Mensch auf der ganzen Erde gewesen wären! So viel sind Sie Ihm wert. Sie sind Sein Augapfel. Darum möchte Er Ihr Alles sein: Ihr Vater, Ihr Freund, Ihr Sachwalter, Ihr Verteidiger, Ihr Ernährer, Ihr Schild. Er möchte jedes Bedürfnis in Ihrem Leben stillen. Gott möchte Sie davon befreien, daß Sie immer darauf warten, von den anderen akzeptiert zu werden. Und Er möchte die schmerzlichen Erinnerungen an die Vergangenheit heilen. Er möchte die Leere Ihres Lebens mit Seiner Liebe ausfüllen. Denken Sie doch daran, der Vater im Himmel liebt Sie!

Mein Freund, Gott liebt Sie!

GEBET UM HEILUNG VON INNEREN VERLETZUNGEN

Vater, ich komme jetzt im Namen Jesu zu Dir. Ich danke Dir, daß Du mich schufst und mich unendlich liebst. Im mächtigen Namen Jesu binde ich jetzt den Einfluß des Bösen über mich. Geister der Angst und Bitterkeit, ihr müßt jetzt im Namen Jesu von mir weichen! Geister der Einsamkeit und des Selbstmitleids, Geist der Minderwertigkeit, ich binde euch im Namen Jesu!

Herr Jesus, geh Du zurück in meine Vergangenheit und binde alle Kräfte, die mir schaden könnten. Ich weiß, daß Du dabei warst, als ich im Mutterleibe empfangen wurde. Wenn irgendeine Macht schon vor meiner Geburt in mein Leben eindrang, so komme Du jetzt in diese Situation hinein und mache mich vollständig davon frei.

Bitte, Herr Jesus, erfülle Du mich mit Deiner Liebe! Ich bete darum, daß Du meine Leere ganz ausfüllen möchtest. Gib mir bitte all die Liebe, die ich als Kind benötigte und nicht bekam. Ich vergebe jedem, der meine Liebe nicht erwiderte. Ich vergebe meinen Eltern, die mir ihre Liebe nicht immer zeigten. Ich vergebe meinen Geschwistern, mit denen ich verglichen wurde und die mich nicht so liebten, wie sie es hätten sollen. Ich vergebe meinem Ehepartner oder meinen Kindern, wenn sie mich nicht geliebt haben.

Danke, Jesus, daß Du jetzt jede Sekunde meines Lebens in Deiner Hand hältst. Immer, wenn ich mich einsam, abgelehnt oder unerwünscht fühlte, warst Du da. Du heilst die Wunden und verbindest mein gebrochenes Herz. Bitte erfülle mich jetzt bis zum Überfließen mit Deiner Liebe, damit auch ich die Menschen um mich her lieben kann. Laß mich Geistesfrucht bringen, Herr Jesus! Ich bete in Deinem wunderbaren Namen! Amen.

BIBELSTELLEN ZUM THEMA:

Psalm 139, 13—16: „Denn Du hast meine Nieren bereitet und hast mich gebildet im Mutterleibe. Ich danke Dir dafür, daß ich wunderbar gemacht bin; wunderbar sind Deine Werke; das erkennt meine Seele. Es war Dir mein Gebein nicht verborgen, als ich im Verborgenen gemacht wurde, als ich gebildet wurde unten in der Erde. Deine Augen sahen mich, als ich noch nicht bereitet war, und alle Tage waren in Dein Buch geschrieben, die noch werden sollten und von denen keiner da war."

1. Petrus 1, 2: „Gott, der Vater, hat uns vorherbestimmt in

der Heiligung durch den Geist zum Gehorsam und zur Besprengung mit dem Blut Jesu Christi. Gott gebe uns viel Gnade und Frieden!"

Psalm 68, 6—7: „Ein Vater der Waisen und ein Helfer der Witwen ist Gott in Seiner heiligen Wohnung, ein Gott, der die Gefangenen herausführt, daß es ihnen wohlgehe."

Psalm 139, 17—18: „Aber wie schwer sind für mich, Gott, Deine Gedanken! Wie ist ihre Summe so groß! Wollte ich sie zählen, so wären sie mehr als der Sand: Am Ende bin ich noch immer bei Dir."

Kapitel 2

Frei gemacht von Furcht

Jeder von uns hat irgendwann einmal Angst gehabt. Die Furcht kann einen Menschen innerlich zerstören und verkrüppeln; einmalige Furcht führt zur ständigen Furcht. Satan bedient sich so häufig der Furcht, um Menschen in Knechtschaft zu bringen, daß manche Leute sich sogar davor fürchten, sich zu fürchten! Das ist wahrhaftig ein *Teufels*kreis.

Die ersten Menschen, Adam und Eva, haben sich auch gefürchtet. 1. Mose 3, 10 lesen wir: „Ich hörte Dich im Garten und fürchtete mich." Diese Emotion Furcht gibt es seit dem Fall des Menschen. Es kann fast jede Situation in irgend jemand Furcht erzeugen. Furcht oder Angst ist eines der Probleme, die uns in der Seelsorge am häufigsten begegnen. Ich möchte hier einige der Ängste aufzählen, mit denen ich in den letzten Jahren zu tun bekam:

Höhenangst; Platzangst; Angst vor Katzen; Angst vor Männern; Angst vor Spinnen; Angst vor Unwetter; Angst vor der Einsamkeit; Angst vor Insekten; Angst vor Menschenmengen; Angst vor der Ehe; Angst vor Frauen; Angst vor Blut; Angst vor dem öffentlichen Reden; Angst vor dem Wahnsinnig-Werden; Angst vor Toten; Angst vor Dunkelheit; Angst vor Feuer; Angst vor dem Beobachtet-Werden; Angst vor Tieren.

Es gibt wohl kaum einen Menschen, der sich nicht irgendwann gefürchtet hätte. Ihr Herz pochte plötzlich ganz wild, Ihr Rachen wurde trocken, Ihr Magen drehte sich um. Das kennen Sie bestimmt. Aber wir sollten uns darüber im klaren sein: Wenn ein Mensch durch die Furcht davon abgehalten wird, etwas ganz Normales zu tun, dann hat der Teufel seine Hand im Spiel. Eine solche Furcht ist nicht harmlos, sondern eine von Dämonen verursachte Phobie.

Die Furcht kann wie ein Joch auf unseren Schultern lasten. Gott aber sei Dank, denn Er verheißt: „Du hast ihr drückendes Joch, die Jochstange auf ihrer Schulter und den Stecken ihres Treibers zerbrochen wie am Tage Midians“ (Jesaja 9, 3).

Arme und Reiche erleben beide im gleichen Maße die Furcht. Die Furcht kennt auch keine Altersgrenze; alle Menschen sind ihrer Wirkung ausgesetzt. Schon bei der Geburt erleben viele Kinder die Furcht, zu ersticken. Und im Alter erleben die meisten Menschen die Furcht vor dem Tode.

Ein Unwetter läßt ein Baby vor Furcht aufschreien. Oder ein fremdes Gesicht lehnt sich über sein Bettchen, und das Baby fängt an, dermaßen zu weinen, daß es nur durch die liebevolle Umarmung der Mutter wieder zur Ruhe zu bringen ist.

FURCHT IN DER SCHULE

Manche Kinder erleben die Angst, wenn sie zum ersten Mal zur Schule müssen. Dort gibt es Angst vor dem Lehrer, Angst vor dem Schulbus, Angst vor dem Heimweg. Menschen, die sich davor fürchten, vor anderen zu reden, stellen oft fest, daß diese Angst im Klassenraum entstand, als eine peinliche oder demütigende Situation sie in solche Verlegenheit brachte, daß sie dies nie wieder vergessen konnten. Folgendes Zeugnis soll nur ein Beispiel sein für solche Angst:

Als ich eines Morgens die Türklingel hörte, öffnete ich die Tür in der Erwartung, eine Frau zu sehen, die schon vor einiger Zeit einen Termin mit mir vereinbart hatte, weil sie für sich beten lassen wollte. Zu meiner Überraschung stand jedoch eine andere Frau da, eine Bekannte. Sie erklärte, daß die erste Frau verhindert sei; sie wolle jetzt an ihrer Stelle für sich beten lassen. Nach den üblichen Grüßen sagte sie mir: „Betty, ich weiß nicht, ob ich innerer Heilung bedarf oder nicht. Nur ein Gebiet meines

Lebens bereitet mir Sorgen, und zwar meine Angst, die ich davor habe, öffentlich zu reden. Das macht mich furchtbar verlegen. Man hat meinen Mann und mich gebeten, in unserer Kirchengemeinde zu unterrichten, aber ich habe schreckliche Angst davor. Ich bin gewiß, daß diese Furcht von Satan kommt; darum weiß ich, daß Jesus mich davon frei machen kann. Das möchte ich jetzt."

Ich erwiderte: „Lassen Sie sich einige Fragen stellen, damit wir herausfinden, wann diese Furcht in Ihr Leben kam. Haben Sie eine glückliche Kindheit gehabt?"

„Jawohl", antwortete sie. „Als Kind wurde ich von meinen Eltern geliebt und aufs beste versorgt."

„Haben Sie schon früh Jesus als Ihren Erlöser kennengelernt?"

„Gewiß. Ich wuchs in der Gemeinde auf. Jesus bat ich in mein Leben, als ich noch recht jung war."

„Haben Sie irgendein traumatisches Erlebnis gehabt? Vielleicht einen Unfall oder eine lang anhaltende Krankheit?"

„Nein. Ich genoß eine sehr glückliche, ausgewogene, sichere und geborgene Kindheit."

Ich kannte diese Frau. Sie war eine hingegebene, geisterfüllte Christin, die den Herrn von ganzem Herzen liebte. Zusammen mit ihrer Familie hatte sie ein Wunder erlebt, als ihre kleine Tochter geheilt wurde. Die ganze Familie wandelte im Glauben und vertraute den Verheißungen Gottes.

Eine Antwort auf die Frage: „Woher kommt denn diese Furcht?" erhielten wir nicht sofort. Der Heilige Geist mußte uns erst zuhilfe kommen, bevor wir die Antwort erfuhren. Wir knieten uns vor dem Herrn nieder und baten Ihn, uns zu zeigen, worauf diese Angst zurückzuführen sei. Bald erhielt ich Klarheit darüber, daß diese Frau in der dritten Schulklasse etwas Negatives erlebt haben mußte. Ich hörte auf zu beten und bat sie, ans dritte Schuljahr zurückzudenken. Schnell sagte sie: „Ach ja, jetzt weiß ich, was es war." Dann erzählte sie folgende Geschichte:

„Es war mein erster Schultag. Ich war damals sehr schüchtern, ängstlich und zurückhaltend. Der kleine Junge, der hinter mir saß, ließ sein Lineal auf den Fußboden fallen, was ein lautes Geräusch verursachte. Sofort zeigte die Lehrerin auf mich und sagte: »Heb das Lineal auf!« Leise sagte ich: »Es gehört mir nicht. Ich habe es nicht fallen lassen.« Aber die Lehrerin wurde wütend, denn sie war sowieso frustriert. Sie kam auf mich zu und brüllte: »Tue sofort, wie ich dir gesagt habe! Hebe das Lineal auf!« Mit Furcht und Zittern bückte ich mich und hob es auf. Dann gab ich es der Lehrerin. Schnell sagte sie: »Strecke die Hand aus!« Ich gehorchte. Und dann schlug sie mit dem Lineal auf meine Hände. Danach befahl sie mir, in die Vorhalle hinauszugehen. Die Blicke aller anderen Schüler und Schülerinnen verfolgten mich, als ich aufstand und mich schnell aus dem Klassenraum entfernte. Ich wollte nur noch diesen Blicken entrinnen. Ich fühlte mich so beschämt und eingeschüchtert. Aber draußen war es auch nicht besser, denn der Rektor ging gerade vorbei. Natürlich wollte er wissen, was passiert sei, und ich mußte ihm das erklären.

Ach, wie habe ich mich damals geniert! Ich fühlte mich wie verdammt. Von der Zeit an habe ich immer Angst gehabt, wenn ich vor einer Gruppe aufstehen oder öffentlich etwas sagen sollte. In der Schule und am College habe ich später Redetherapien erhalten, weil ich diese Angst nicht überwinden konnte, doch pochte mein Herz jedesmal wie verrückt, wenn ich eine öffentliche Rede halten mußte. Meine Hände wurden ganz naß, ich schwitzte übermäßig, und mein Magen drehte sich fast um. Es kam mir vor, als hätte ich einen richtigen Klotz im Hals; mein Mund war total trocken. Ach, es war einfach schrecklich."

Ich erklärte ihr, daß diese Furcht ein Werk Satans sei. „Aus irgendeinem Grunde hatten Sie von vornherein eine gewisse Schwäche, nämlich die Schüchternheit. Als Satan durch diese Lehrerin wirkte, um Sie ungerecht bestrafen zu lassen, wurden Sie noch furchtsamer. Jedesmal, wenn Sie vor einer Gruppe aufstehen mußten, steigerte sich die Angst. Doch möchte der Herr Jesus die Wurzel dieses Problems packen und Sie von dieser Not befreien."

Dann fuhr ich fort: „Wissen Sie, ich kann nichts tun, um Sie zu heilen, aber gemeinsam können wir Jesus bitten, in diese schmerzliche Situation aus Ihrer Kindheit hineinzukommen. Er wird dann dieses Erlebnis mit Ihnen zusammen durchmachen. Stellen Sie sich Jesus vor. Er ist mit Ihnen zusammen in diesem Klassenraum. Die Lehrerin hört das Lineal fallen und kommt auf Sie zu, um Ihnen zu befehlen, es aufzuheben. Aber Jesus hebt das Lineal für Sie auf. Jetzt sagt die Lehrerin: »Strecke deine Hände aus!« Was meinen Sie — was macht da Jesus?"

„Ach, ja", sagte sie in freudevoller Erwartung. „Er nahm meine Strafe auf sich!" In dem Augenblick bewies ihr Jesus, daß Er gestern und heute und derselbe auch in Ewigkeit ist. Er heilte die Erinnerung ganz und gar.

Während diese Frau etwas später an der Tür stand, hatte ich den Eindruck, ich müsse noch einmal kurz für sie beten. „Herr, gib ihr die Gelegenheit zu erfahren, daß Du sie ganz und gar von dieser Angst frei gemacht hast."

Gott ist treu! Nicht einmal zwei Monate später wurde eine Frauengruppe aus der Gemeinde eingeladen, in Mittelamerika das Evangelium zu bezeugen. Diese Bekannte war unter denen, die dazu eingeladen wurden. Und gelobt sei der Herr — sie stand vor 200 Frauen auf und bezeugte, wie sehr Jesus sie liebt. Von Furcht und Verlegenheit war sie vollständig frei geworden. Als ich das hörte, war ich unserem himmlischen Vater so dankbar, daß ich dachte, mein Herz würde vor Freude platzen!

Haben Sie jemals vor einem öffentlichen Auftritt unter einer solchen Angst gelitten? Fürchten Sie sich davor, vor anderen zu sprechen? Haben Sie Angst, Ihre Rede zu vergessen oder ins Stocken zu geraten? Viele Leser erinnern sich bestimmt daran, wie sie vor einem Klavierkonzert oder Sängerwettbewerb in Schweiß gebadet waren. Ihre Knie wurden schwach, sie mußten immer wieder auf die Toilette laufen...

Wenn Sie sich davor fürchten, öffentlich aufzutreten, denken Sie doch einmal an das Bibelwort aus Markus 13, 11: „So macht euch vorher keine Sorgen, was ihr reden sollt; sondern was euch in dieser Stunde eingegeben wird, das redet. Denn ihr seid's ja nicht, die reden, sondern der Heilige Geist." Das heißt zwar nicht, daß wir uns nicht durch Gebet und Bibelstudium vorbereiten sollten. Aber der Herr verspricht, uns zu helfen, wenn wir vor anderen reden müssen. Wenn Sie Angst davor haben, in der Öffentlichkeit zu sprechen, beten Sie doch jetzt mit mir:

Lieber Herr, ich bitte Dich, mich von dieser Angst vor dem öffentlichen Auftreten frei zu machen. Geist der Furcht, du bist jetzt gebunden: Weiche im Namen Jesu von mir!

Herr Jesus, geh Du bitte zurück zu der Zeit, als ich das erste Mal vor einer Gruppe in Verlegenheit geriet, als ich beim Theaterspiel meine Rolle vergaß, als ich beim Klavierkonzert die Noten nicht mehr konnte, als ich durch einen Lehrer oder Klassenkameraden so arg in Verlegenheit gebracht wurde. Nimm mir bitte diese Erinnerungen hinweg.

Herr Jesus, ich bete, daß Du mich mit Deiner Kraft und Liebe erfüllen möchtest. Gib mir bitte den Geist der Besonnenheit. Du wirst mir auch den Mut geben, den ich brauche. Dann will ich Dir Preis und Ehre darbringen. Herr Jesus, ich bete in Deinem wunderbaren Namen. Amen.

FURCHT VOR ÄRZTEN

Wer hat nicht, als er als Kind sich das erste Mal in den Stuhl des Zahnarztes setzte und all die komischen Werkzeuge sah, Angstzustände bekommen? Aber die Angst vor dem Zahnarzt ist nicht allein auf Kinder beschränkt. Eine Bekannte aus dem Ausland — an sich eine sehr intelligente Person — bat mich, sie beim Zahnarzt zu treffen, um vor der Behandlung noch mit ihr zu beten. Ich war einverstanden, und so kamen wir etwa 30 Minuten vor Beginn ihrer Behandlung beim Zahnarzt an und verbrachten die Zeit damit, in der Bibel zu lesen, zu beten und im Namen Jesu den Geist der Furcht zu binden. Wir baten Jesus, diese Frau mit Seiner vollkommenen Liebe zu erfüllen. Und Er tat es auch! Als geistgetaufte Christin erkannte sie, daß der Herr sie von dieser Furcht freimachen wollte.

Als sie zur Behandlung gehen sollte, schritt sie glücklich ins Büro des Zahnarztes, ihre Bibel unter dem Arm. Nach wenigen Minuten schon kam sie wieder und berichtete in ihrem schönen Englisch: „Preis sei dem Herrn! Ich habe mich kein bißchen gefürchtet!" Welcher Beweis, daß der Teufel fliehen muß, wenn wir ihm widerstehen (Jakobus 4, 7)!

Als Eltern sollten wir uns bemühen, unseren Kindern zu erklären, was jeweils der Arzt oder Zahnarzt oder die Krankenschwester macht. Furcht vor Schmerzen quält unsere Kinder nicht so wie die Furcht vor dem Unbekannten.

Wenn wir also mit unseren Kindern nicht ehrlich sind, fördern wir ihre Angst. Die oberflächliche Antwort: „Ach, es wird kein bißchen weh tun!" erzeugt sehr wohl Bitterkeit, wenn das Kind eine Spritze verpaßt bekommt, die ganz gewiß weh tut. Es wäre viel besser, wenn wir vorher Schritt für Schritt erklärt hätten, was passieren würde. Ein Kind gewinnt viel eher Vertrauen, wenn wir sagen: „Ja, es wird einen Augenblick schmerzen, danach wird alles vorbei sein." Oder: „Die Operation wird schon weh tun, aber in einigen Tagen fühlst du dich wieder ganz fit."

Heutzutage können die meisten Ärzte, Krankenschwestern und Zahnärzte ihre Behandlungsmethoden Kindern erklären, aber unvorhergesehene Dinge können doch noch vorfallen. Unser Sohn mußte sich mit vier Jahren einer Augenoperation unterziehen. Am Morgen der Operation kam eine neue Krankenschwester, um ihm die nötige Spritze zu verpassen.

Der Junge stand da mit seinen vier Jahren und hatte Angst. Und die Krankenschwester tauchte plötzlich vor ihm auf und hatte die größte Spritze in der Hand, die ich jemals gesehen habe. „Schau, was ich für Dich mitgebracht habe!" — Ich war schockiert, daß eine Krankenschwester so gedankenlos sein konnte. Der Junge stand an der Tür zum Badezimmer. Schnell zog er die Tür hinter sich zu und sperrte sie von innen ab. Es dauerte etwa 15 Minuten, bevor wir ihn aus dem dunklen Raum befreien konnten, um ihm endlich die Spritze zu geben.

Zum Glück hat dieses Erlebnis keine Narben in seinem Gedächtnis hinterlassen. Auch hat er nicht besonders darunter gelitten, daß er nach der Operation viele Tage lang die Augen zugebunden hatte. Aber wir sind überzeugt, daß es nur die Gnade Gottes war, die ihn auf unser Gebet hin von diesem Trauma frei hielt.

Eines Tages betete ich für eine Narkoseschwester, daß Gott sie innerlich heilen möchte. Danach fühlte ich mich gedrängt zu beten, daß Gott ihr Gesicht und ihre Augen besonders salben möchte, damit sie auf übernatürliche Weise Seine Liebe und Seine Barmherzigkeit ausstrahlen könne. Ich habe mich seitdem oft gefragt, ob die Menschen, denen sie danach eine Narkose verabreicht hat, um dieses Gebetes willen den Trost und den Frieden Jesu besonders gespürt haben.

ANGST VOR KATZEN ODER INSEKTEN

Viele Kinder haben Angst vor Katzen, Hunden, Wasser, Nadeln, Dunkelheit, Unwetter, Personenaufzügen, usw. Diese Furcht kann bis ins Erwachsenenalter erhalten bleiben. Man geniert sich als Erwachsener, diese Furcht zuzugeben, und versucht, sie zu verbergen. Man strengt den Verstand an und hofft, auf diese Art und Weise die Furcht hinwegzuargumentieren. Aber doch bleibt sie da und belastet einen, als hätte man eine schwere Kette um den Leib gelegt.

Wir beteten mit einer holländischen Dame, die voller Ängste war. Vor allem fürchtete sie sich vor Katzen. Schon als wir zu unserer Wohnung unterwegs waren, sagte sie: „Hoffentlich gibt es dort keine Katzen." Aber als sie zur Tür eintrat, sah sie als erstes eine unserer Katzen! Nach einem Gebet um innere Heilung, das wir für sie sprachen, bevor sie nach Hause zurückkehrte, kam unsere schöne siamesische Katze ins Wohnzimmer. Sofort sagte ich der Dame: „Jetzt können sie prüfen, ob die Angst wirklich weg ist." Zögernd beugte sie sich nieder und fing an, die Katzen zu streicheln. Gelobt sei Gott! Als sie wieder in den Niederlanden war, schrieb sie uns einen Brief:

„Meine Angst vor Katzen ist ganz weg. Meine Freundin hat eine liebe Katze, die ich schon mehrmals gestreichelt habe."

Eine Frau aus Kanada hatte eine so überwältigende Angst vor Raupen, daß sie sich davor fürchtete, in den Garten zu gehen. Als wir darüber beteten, bat ich sie, sich Jesus vorzustellen mit einer Raupe in der Hand. (Persönlich meine ich, daß unser Schöpfer sehr humorvoll sein muß, wenn Er solche haarigen Raupen schaffen kann!)

Ich bat sie, sich vorzustellen, wie Jesus sich mit ihr über die Insekten, die Er gemacht hat, unterhielt. Sie war ein wunderbares Menschenkind und sagte ganz ehrlich: „Ich kann es mir schon vorstellen, daß Jesus die Raupe in der Hand hält. Ich kann mir die Raupe sogar ansehen, aber in die Hand nehmen — das könnte ich nicht!" Gemeinsam banden wir den Geist der Furcht im Namen Jesu und baten den Herrn, sie ganz und gar davon zu heilen.

Vier Monate später kamen wir in dieselbe Stadt zurück, um dort einen Dienst zu tun. Wir sahen diese Frau noch einmal, und sie teilte uns mit, daß der Herr ihr diese Furcht tatsächlich genommen habe. Sie sei den ganzen Sommer über in der Lage gewesen, in den Garten zu gehen. Sie fürchtete sich nicht mehr vor der kleinen, fusseligen Raupe!

Sie war zur gleichen Zeit von großen Schmerzen in Fingern und Händen befreit worden. Diese Schmerzen waren derart heftig gewesen, daß sie unmöglich nähen konnte. Es hätte sie bald die letzte Kraft gekostet, allein ihren Autositz zu verstellen. Aber unser Gott ist gut! Er machte sie gesund nach Geist, Seele und Leib!

HÖHENANGST

Wir erhielten folgenden Brief von einer Frau, die seit ihrer Kindheit unter Höhenangst litt:

Als ich ungefähr sieben Jahre alt war, machten wir von der Schule aus eine Klassenfahrt. Das Ziel der Reise war ein Kohlebergwerk. Um den Eingang zu erreichen, mußte man einige

Treppen steigen. Ich versuchte, neben dem Geländer die Treppe hinaufzugehen, aber alles war voll mit drängelnden, schiebenden Kindern.

Ich schaute dann einmal über das Geländer und wurde augenblicklich mit Angst erfüllt. Ich stellte mir vor, wie ich leicht dort unten liegen könnte. Mein Verstand schaltete sich aus und die Angst durchflutete mich. In meiner Verzweiflung setzte ich mich auf die Treppe und vergrub mein Gesicht in meinen Händen, damit ich die vielen Kinder und das Geländer nicht mehr zu sehen brauchte. Ich weinte und wollte nicht weitergehen. Doch dann kam ein netter Mann und hob mich auf; er trug mich in seinen Armen nach oben.

Von dem Tage an hatte ich Höhenangst. In den nachfolgenden Jahren wurde diese Angst so überwältigend, daß ich sogar in Hochhäusern nicht ans Fenster zu gehen wagte.

Im Juni 1976 machte ich eine christliche Kreuzfahrt mit, die von Charles und Frances Hunter organisiert wurde. Zusammen mit Hunters waren Betty und Ed Tapscott auf dem Schiff. Während der Kreuzfahrt ging meine Mutter immer wieder an Deck, um sich von dort aus die schöne Küstenlandschaft anzusehen. Sie lehnte sich dabei gegen die Reling; und ich stand daneben und zupfte sie ständig am Ärmel, daß sie bloß von dort wegkommen möchte. Immer wieder erinnerte ich sie daran, daß sie sehr leicht ins Wasser fallen könnte. Die ersten paar Tage wagte ich kaum, in die Nähe der Reling zu gehen, denn ich war fast sicher, daß ich sofort ins Wasser fallen würde! Ich stellte mir lebhaft vor, wie die Leute an Bord rufen würden: „Mann über Bord!“ Dann sah ich mich hilflos im Ozean treiben und endgültig in den Wogen verschwinden. Wegen solcher Gedanken blieb ich lieber weit weg von der Reling!

Betty Tapscott betete im Laufe der Fahrt für die Teilnehmer, daß Gott sie anrühren möchte. Ich dachte beim öffentlichen Gebet an meine Schwester und merkte gar nicht, daß Jesus mich von meinen Ängsten heilen wollte. Nach einem Gottesdienst ging ich mit meiner Mutter an Deck. Wir gingen umher und unterhielten uns über Bettys Gebet. Wir hielten auf einmal inne und bewunderten die schöne Landschaft, die wir von dort aus sehen konnten. Und plötzlich merkte ich, daß ich mich ohne Furcht an die Reling gelehnt hatte!

In dem Augenblick erkannte ich, daß Jesus mich von meiner Höhenangst befreit hatte. Diese Heilung hatte allein der große Arzt vollbringen können! In wenigen Minuten hatte Er die Furcht entfernt, die mich seit Jahren plagte. Jetzt kann ich auch von der Höhe aus Gottes wunderbare Schöpfung genießen! Gepriesen sei der Name des Herrn!

HORRORFILME, KOBOLDE UND HEXEN

Ein junger Mann, dessen Ängste dazu führten, daß er einen Nervenzusammenbruch erlitt, befand sich in psychiatrischer Behandlung, als er zu uns kam und uns bat, für ihn zu beten. Der Heilige Geist offenbarte, daß die Furcht in sein Leben gekommen war, als er noch recht jung war. Er war als Junge jeden Sonnabend ins Kino gegangen und hatte sich dort Horrorfilme angesehen. Er sagte mir: „Wissen Sie, ich kann mich daran erinnern, buchstäblich gezittert zu haben, als ich aus dem Kino herauskam. Als ich dann später zur Schule gehen mußte, hatte ich auch große Angst davor.“ Die Furcht hatte eine so große Rolle in seinem Leben gespielt, daß sie ihn fast überwältigt hatte. Er fürchtete sich, nach draußen zu gehen; er fürchtete sich vor dem Alleinsein. Als Erwachsener kam er nicht darüber hinweg, sondern es wurde schlimmer mit ihm. Aber inzwischen ist er durch die Kraft Jesu geheilt worden.

Wie viele Kinder bekommen einen tüchtigen Schreck, wenn sie am Abend vor Allerheiligen die „Kobolde und Hexen“ sehen? Dieser Abend soll angeblich Spaß machen, aber bei uns zu Hause machen wir nicht mehr mit. Wir Christen können uns sicher eine wertvollere Beschäftigung einfallen lassen, als uns in Hexentracht zu verkleiden und uns gegenseitig halb zu Tode zu erschrecken? (Das gilt hier in Deutschland gewiß auch für die „tollen Tage“! — Der Übersetzer.)

Wir sollten uns davor hüten, mit dem Teufel Kompromisse zu schließen. Es mag gut angehen, daß wir die ganze Sache mit Fasching spaßig auffassen, aber der Teufel nimmt das frohe Treiben sehr ernst! Diese Feste verursachen nicht nur geistlichen und emotionalen Schaden, sie sind auch sonst gefährlich. Man braucht nur nachher die Zeitung zu lesen, um festzustellen, wie viele Kinder verletzt, vergiftet oder überfallen wurden.

Es ist besonders schrecklich, daß während der Faschingszeit auch christliche Gemeinden ihren Kindern Horrorfilme vorführen. Wir dürfen unseren Verstand auf diese Art und Weise nicht vergiften! Wir sollten unsere Kinder vor solchen Dingen schützen!

Es sei hinzugefügt, daß ich die Furcht nicht so sehr betonen will, daß jemand davor Angst bekommt, Angst zu haben! Wir sollten auch nicht herumgehen und Menschen beschimpfen, die Angst verursachen. Aber wir müssen unsere eigenen Ängste eingestehen und sie im Namen des Herrn Jesus Christus überwinden. Wir können von der Furcht frei werden! Jesus kam, damit wir das Leben hätten und alles in Fülle (Johannes 10, 10).

FURCHT VOR DEM AUTOFAHREN

Oft fürchten wir uns, ohne einen triftigen Grund zu haben. Es gibt ja auch unendlich viele Ursachen für Furcht. Das, wovor Sie Angst haben, macht mir vielleicht überhaupt nicht zu schaffen — und umgekehrt.

Als wir nach Houston zogen, fürchtete ich mich davor, die Autobahn zu benutzen. Und wer in Houston wohnt, muß die Autobahn benutzen, wenn er einigermaßen schnell von Stadtteil zu Stadtteil fahren will. Aber — gelobt sei der Herr! Er befreite mich von dieser Furcht. Das erkannte ich zum ersten Mal, als ich vom Krankenhaus nach Hause fuhr, nachdem ich jemanden besucht hatte. Es war 16.30 Uhr, und der Verkehr war sehr dicht; außerdem regnete es so sehr, daß man kaum etwas sehen konnte. Ich schnallte mich an und pries den Herrn für die

Engel, die mich umgaben. Dann fuhr ich die 30 Kilometer nach Hause und sang den ganzen Weg in Zungen. Dabei spürte ich gar keine Angst.

Aber denken Sie bitte an folgendes: Der Satan gibt nicht so schnell auf. Er wird immer wieder versuchen, Sie zu belästigen. Daher müssen wir unsere geistliche Waffenrüstung anlegen. Ich bin zwar von der Furcht vor dem Autofahren befreit worden, aber wenn ich ins Auto steige, binde ich trotzdem den Teufel im Namen Jesu und bitte den Herrn, mir einige Engel zur Seite zu stellen. Meistens bete ich etwa wie folgt: „Herr Jesus, ich weiß, daß Du immer bei mir bist — auch auf der Autobahn. Danke, daß ich einen guten, gesunden Verstand habe und Augen, die sehen. Danke, daß Du mich vor Unfällen bewahrst." Wenn ich Auto fahre, bete ich auch sehr viel in Zungen. Man hat hinter dem Steuer sehr viel Zeit, den Herrn zu loben und zu preisen!

ANGST VOR DER ÖFFENTLICHKEIT

Die Angst kann durchaus Schaden anrichten, auch wenn sie noch nicht unsere ganze Existenz zu bedrohen scheint. Ein gutes Beispiel wäre die Angst vor dem Versagen. Wenn alles, was Sie als Kind sagten, von Ihren Eltern kritisiert und auseinandergenommen wurde, werden Sie höchstwahrscheinlich Angst davor haben, Entscheidungen zu treffen oder die eigene Meinung zum Ausdruck zu bringen. Wenn Sie als Kind immer als dumm, verrückt oder blöd hingestellt wurden, werden Sie möglicherweise ein so schlechtes Bild von sich selber haben, daß Sie es nicht wagen, irgend etwas auf eigene Verantwortung hin zu unternehmen. Vielleicht fürchten Sie sich dann vor allerlei Situationen. Sie haben Angst, ein Gespräch anzufangen, wenn Sie jemanden zum ersten Mal kennenlernen.

Viele Kinder haben Angst davor, abgelehnt zu werden. Das kommt daher, daß sie von ihren Eltern nicht geliebt werden. Wenn eine Frau sich vor Männern fürchtet, kann das daher kommen, daß sie als Kind von ihrem eigenen Vater vergewaltigt wurde; oder es kann sein, daß sie einfach die nötige Liebe von ihrem Vater nicht bekam. Manche Männer und Frauen haben sogar Angst vor Gott, weil sie von ihrem irdischen Vater keine Liebe empfingen.

Ich möchte hier die Geschichte einer Frau wiedergeben, die als Kind so mißbraucht wurde, daß sie zu einem emotionalen Krüppel wurde. Als wir sie kennenlernten, fürchtete sie sich vor den Menschen überhaupt und wollte nie ihre Wohnung verlassen; aber der Herr tat ein Wunder in ihrem Leben und machte sie ganz heil.

Während eines Gottesdienstes in Kanada ließ mich der Herr auf sie aufmerksam werden. Es waren 600 Menschen anwesend, doch zeigte mir der Herr diese eine Frau. Man konnte die Spuren von Angst, Furcht, ja, sogar Panik von ihrem Gesicht ablesen. Nach dem Gottesdienst wurde sie von jemand zu mir gebracht, damit ich für sie beten könne. Die Geschichte war fast unglaublich.

Sie wurde als Kind geschlagen und gequält. Man hatte sie schlimmer behandelt als ein Tier. Ihr wurden einige Zähne herausgeschlagen. Man hatte sie eingesperrt, bedroht, bestraft — nur nicht geliebt. Sie konnte zwar überleben und aufwachsen, aber sie war innerlich verkrüppelt. Sie hatte Angst, in die Öffentlichkeit zu gehen; sie wollte nie ihre Wohnung verlassen.

Später heiratete sie und gebar sogar Kinder, aber es mußte die ganze Zeit jemand bei ihr bleiben. Es war für sie die reinste Qual, nach draußen zu gehen. Am Tage vor dem Gottesdienst, als ich sie kennenlernte, war sie im Bett geblieben und hatte aus lauter Angst die Bettdecke über den Kopf gezogen.

Aber gelobt sei der Herr! Ihm ist nichts unmöglich! An jenem Abend vollbrachte Er das Unmögliche und befreite sie von der Furcht. Die Bibel sagt: „Wenn euch nun der Sohn frei macht, so seid ihr wirklich frei“ (Johannes 8, 36). Der Herr machte sie von den Ketten der Furcht los, die sie gebunden hatten.

Nachdem wir für sie um innere Heilung gebetet hatten, sagte ich ihr: „Morgen früh sollten Sie etwas tun, das Sie vorher nicht konnten. Gehen Sie aus Ihrer Wohnung heraus im Vertrauen auf den Herrn. Glauben Sie einmal, daß der Herr Sie tatsächlich frei gemacht hat."

Am nächsten Abend hielten wir wieder einen Gottesdienst, nur in einer anderen Kirche. Diese Frau war auch da. Als ich zu der Gemeinde sprach, lenkte der Herr meine Aufmerksamkeit wieder auf sie. Aber jetzt sah man keine Spur mehr von der Furcht und Angst, unter der sie gelitten hatte. Nun strahlte sie die Liebe Jesu aus.

Nach der Versammlung erzählte sie mir, was der Herr für sie getan hatte. „Heute morgen verließ ich die Wohnung, ohne einen Mantel anzuziehen. Ich ging die Straße hinunter, ohne mich überhaupt zu fürchten. Dort sah ich eine Bekannte und erzählte ihr, daß Gott mich geheilt habe. Daraufhin fragte sie mich, ob sie heute abend in die Versammlung mitgehen dürfe."

Die Bekannte war verspätet in den Gottesdienst gekommen und mußte daher die ganze Zeit stehen, denn es waren schon alle Plätze besetzt. Aber als der Aufruf am Ende gemacht wurde, Jesus als persönlichen Erlöser anzunehmen, ging diese Bekannte darauf ein.

Danach gab mir der Herr ein Wort der Erkenntnis darüber, daß Er gerade jemand von ganz argen Kopfschmerzen heilte. Es war diese Bekannte, die hinten im Saal stehend ihre Heilung soeben empfing!

Danach sprach der Herr zu mir, daß jemand gerade von Haß und Unversöhnlichkeit ihrem Mann gegenüber geheilt würde. Und wieder war es diese Bekannte. Preis sei unserem Herrn! Als sie nach Hause ging, wollte sie ihrem Mann vergeben. Sie war nach Geist, Seele und Leib geheilt worden. Ist der Herr nicht gut zu uns? Das konnte alles geschehen, weil die erste Frau ein Zeugnis von dem gesagt hatte, was der Herr für sie getan hatte.

Als wir vier Monate später nach Kanada zurückkehrten, berichteten mir die Mitarbeiter dieser Kirchengemeinde, daß die Frau überall schon ihr Zeugnis erzählt hatte. Natürlich luden wir sie ein, auch in unserer Versammlung Zeugnis abzulegen.

Sie erzählte, daß sie in den letzten vier Monaten für sechs verschiedene Menschen gebetet hatte, die unter ähnlichen Ängsten litten wie sie selber. Alle waren daraufhin befreit worden. Preis sei dem Herrn!

Gott heilt uns nicht nur, um uns selbst zu segnen. Er möchte dadurch verherrlicht werden! Er möchte, daß wir anderen weitersagen, was Er für uns tut. Somit geben wir Ihm den Ruhm und die Ehre, die Ihm zustehen.

ANGST VOR MENSCHEN

Die meisten Ängste sind anerzogen. Mich schaudert's innerlich, wenn ich höre, wie eine Mutter oder ein Vater zu einem Kind sagt: „Wenn du dich nicht benimmst, kommt dich ein Polizist holen." Ganz natürlich ist es dann, wenn von dem Zeitpunkt an das Kind alle Polizisten als große Buhmänner betrachtet. Dabei sollten sie lernen, daß Polizisten dazu da sind, um uns zu schützen und zu helfen. Eine Mutter trägt dazu bei, daß ihr Kind vor seinem Vater Angst bekommt, wenn sie sagt: „Warte bloß, bis dein Vater nach Hause kommt. Dann gibt es eine Tracht Prügel!" Ohne es selber zu wissen, hat die Mutter den Samen der Angst in die Seele ihres eigenen Kindes hineingepflanzt.

In einigen Familien hat man schreckliche Angst vor Menschen mit anderer Hautfarbe. Vor kurzem kamen drei Jungen aus Kanada hierher und wollten innere Heilung erleben. Einer von diesen Jungen hatte panische Angst vor Negern. Er hatte sich davor gefürchtet, in die Südstaaten zu fahren; ganz besonders fürchtete er sich vor der Stadt Houston, wo bekanntlich sehr viele Schwarze wohnen. Wir brachten die Jungen in ein Reha-Zentrum, wo sie übernachten sollten. Und an der Tür stand ein großer junger Neger, der in anziehendster Weise die Liebe Jesu ausstrahlte. Der Herr weiß, was wir am meisten nötig haben! Dieser schwarze Christ bot den Jungen Schlafplätze an; die drei mußten mit ihm in einem Zimmer schlafen! Aber der Herr benutzte diesen Umstand, um die Vorurteile der kanadischen Jungen abzubauen. Halleluja!

Wie ich vorher schon sagte, sind die meisten Ängste nicht so bedrohlich, daß unser ganzes Leben davon beeinflußt wird. Doch kann die Angst unser Gefühlsleben erheblich beeinträchtigen und somit verhindern, daß wir unsere Menschlichkeit voll ausleben. Außerdem haben Ärzte festgestellt, daß Ängste und Zorn Herzinfarkte auslösen können.

Nicht jede Angst ist unbedingt schlecht. Ganz natürlich fürchten wir uns oder geraten sogar in Panik, wenn unser eigenes Leben oder das eines Kindes in Gefahr gerät. Wenn Sie sehen, wie Ihr Kind gerade vor ein Auto laufen will oder wie es von einer riesigen Welle in den Ozean geschwemmt wird, erleben Sie berechtigte Angst. In unserem Körper wird bei solchen Gelegenheiten Adrenalin freigesetzt, damit wir schneller reagieren können oder mehr Kraft haben, um das Kind zu retten. Bei solchen Situationen ist es bestimmt Gott, der diese Reaktion ermöglicht; aber sonst dürfen wir davon ausgehen, daß die Angst von Satan stammt. In 2. Timotheus 1, 7 lesen wir: „Denn Gott hat uns nicht den Geist der Furcht gegeben, sondern den Geist der Kraft und der Liebe und der Besonnenheit."

Sehr oft möchten wir unsere Angst einfach nicht zugeben. Wir versuchen sie verstandesmäßig wegzuerklären. Wir können unsere Angst möglicherweise vor Bekannten oder gar vor der Familie verbergen. Aber die Bibel mahnt uns: „Du kannst keine Wunde dadurch heilen, daß du sagst, sie sei nicht vorhanden!" (Jeremia 6, 14 nach der englischen Living Bible.)

Wir sollten unsere Angst zugeben! „Ja, ich habe zugelassen, daß diese oder jene Angst mich befiel. Aber durch das vergossene Blut Jesu bin ich frei!" Denken Sie daran, daß Sie im Namen Jesu Vollmacht haben über den Geist der Furcht. Darum können Sie frei werden!

Es muß nicht unbedingt jemand da sein, der für Sie beten kann. Es ist allein die Kraft des Herrn Jesus, die frei macht. Eine Frau schrieb mir einmal:

„Ich erhielt vor kurzem Ihr Buch »Innere Heilung«. Gelobt sei der Herr! Als ich es las und die Gebete mitbetete, entdeckte ich,

daß der Herr mich von der Furcht vor Katzen und vor dem Wasser freigemacht hatte. Außerdem heilte Er meine Erinnerungen über den Krebstod meiner Mutter und die Ermordung meines Vaters.“

Danke, Herr, daß Du diese Frau geheilt hast. Durch Seinen Geist werden wir geheilt — und frei gemacht!

FURCHT VOR DEM TELEFON

Diese Furcht ist vielleicht die ungewöhnlichste, von der mein Mann und ich jemals gehört haben. Wir beteiligten uns an einer christlichen Kreuzfahrt, als eine Lehrerin uns bat, im Gebet für sie einzutreten, weil sie sich so sehr vor dem Klingeln des Telefons fürchte.

Sie sagte: „Mein Magen verkrampft sich jedes Mal, wenn bei uns das Telefon klingelt.“ Mein erster Gedanke war, sie müsse irgendwann einmal eine telefonische Todesnachricht entgegengenommen haben. Aber sie sagte: „Nein, so etwas ist noch nie vorgekommen. Ich habe wirklich keine Ahnung, wo diese Furcht herkommen könnte.“

Aber — Preis dem Herrn! — wir müssen nicht alles wissen! Unser himmlischer Vater weiß ja alles. Der Heilige Geist leitete mich, diese Frau zu bitten, sich vorzustellen, wie Jesus sie anrufen würde. Ich kam mir ein wenig töricht vor, einer gebildeten Lehrerin etwas so Kindliches zu sagen. Doch war sie damit einverstanden.

„Stellen Sie sich vor, das Telefon klingelt jetzt.“ Als sie daran dachte, wurde sofort ihr ganzer Körper steif. Sie stellte sich vor, wie sie durch den Raum ging, um den Hörer abzuheben. Ich erinnerte sie ständig daran, daß es Jesus sei, der bei ihr anrufe.

„Es ist Jesus, und Er hat Sie lieb!“

Als diese Frau den imaginären Hörer hob, wandelte sich ihr Gesicht in ein einziges Lachen. Dann wandte sie sich zu mir:

„Wissen Sie, was Jesus zu mir sagte? Er sagte, daß Er mich lieb hat!" — Halleluja! In jeder Situation bewirkt Jesu Gegenwart Heil und Heilung.

ANGST VOR BAZILLEN

Diese Frau wußte nicht, woher ihre Angst stammte. Wir beteten jedoch mit einer anderen Frau, die ganz genau wußte, wann sie angefangen hatte, sich zu fürchten. Ihre Angst galt den Bazillen; und sie bat mich, mit ihr zu beten, damit sie von dieser Angst frei würde. Sie wurde von ihrem Ehemann begleitet.

Sie erzählte mir, daß diese Angst vor Bazillen bei ihr zu einer regelrechten Neurose geworden sei. Zu Hause würde sie nur noch putzen. Ich dachte, sie sollte ein paar Tage zu mir ins Haus ziehen! Ihre kleine Tochter wurde immer und immer wieder gebadet; die Türgriffe wurden ständig abgeseift; die Toiletten waren immer blitzblank. Diese Frau bestand sogar darauf, daß ihr Mann mehrmals täglich frische Unterwäsche anzog.

Sie erkannte, daß diese Phobie ihre Ehe zerstören würde. Ein Psychologe, zu dem sie in Behandlung ging, hatte sie schon gewarnt, sie würde sich scheiden lassen müssen, wenn nicht bald etwas geschähe.

Nun gibt uns die Bibel die Anweisung, das zu vergessen, was dahinten liegt und uns nach dem auszustrecken, was vor uns liegt; aber wenn unser Gedächtnis uns Schwierigkeiten macht, fällt uns das unwahrscheinlich schwer. Jesus möchte unsere Wunden reinigen und die Furchtsplitter entfernen, damit die Stelle verheilt und wir tatsächlich vergessen können, was dahinten liegt.

Diese Frau erzählte mir, wie es dazu gekommen war, daß sie sich so sehr vor Bazillen fürchtete und warum sie sich so oft die Hände waschen mußte. Als sie nämlich schwanger war, war sie zusammen mit ihrem Mann zu Verwandten gereist. Doch waren die Verwandten nicht zu Hause, als sie ankamen; sie waren in Urlaub gefahren.

Sie entdeckten, daß die Verwandten einen Mann bestellt hatten, der das Haus sauberhalten sollte; dieser hatte jedoch eine Geisteskrankheit und war verschwunden. Im Hause waren mehrere Hunde, und dementsprechend sah das Haus aus, als die beiden eintraten. Überall war Hundedreck; es stank entsetzlich. Die Gefühle dieser Frau waren bei dieser Gelegenheit kaum zu beschreiben. Ihr Ekel steigerte sich so sehr, daß sie bald unter dem Einfluß einer Zwangsneurose stand. Sie mußte stets das Gefühl überwinden, dreckig und unsauber zu sein.

Als wir mit diesem Ehepaar um innere Heilung beteten, durchströmte sie die Kraft des Herrn. Jemand, der daneben stand, sagte hinterher: ,,Es war mir, als könnte ich Elektrizität durch mich strömen spüren, denn die Kraft des Herrn war so stark gegenwärtig!“ Nach einiger Zeit erzählte mir jemand, daß diese Frau vollständig geheilt sei. Danke, Herr Jesus!

ANGST VOR DEM ERSTICKEN

Während eines Gottesdienstes empfing mein Mann ein Wort vom Herrn darüber, daß jemand gerade von der Angst vor dem Ersticken befreit worden war. Eine Frau fing an, vor Freude zu weinen. Sie erklärte, daß ihr Vater ihr früher beim Spielen ein Kopfkissen auf den Kopf gedrückt habe. Er hatte es nur spaßig gemeint, aber seit der Zeit fürchtete sie sich davor, erstickt zu werden. Gott sei die Ehre: sie wurde an jenem Abend frei. Sie meinte danach, es sei ihr, als hätte ihr Gott eine große Last von den Schultern genommen.

Einige Ängste beeinflussen nicht nur unser Gefühlsleben, sondern auch unseren Körper. In Kanada trafen wir eine Frau, die seit 20 Jahren nur Flüssigkeit zu sich genommen hatte. Während einer Versammlung, in der wir ganz allgemein um innere Heilung beteten, nahm der Herr dieser Frau die Furcht, sie könnte sich verschlucken und daran ersticken.

Durch eine Gabe des Wortes der Erkenntnis hatte mir der Herr schon gezeigt, daß Er dabei war, jemanden zu heilen, der mit dem Schlucken Schwierigkeiten habe. Am nächsten Abend kam die Frau wieder in die Versammlung und bezeugte, daß sie am vorigen Abend nach Hause gegangen war und zum ersten Mal seit 20 Jahren feste Nahrung zu sich genommen habe. Sie war ganz frei von der Furcht — und somit hatte sich das physische oder vielmehr psychosomatische Problem gelöst. Preis sei dem Herrn!

DON

Der Teufel attackiert nicht nur Frauen und Kinder. Männer werden genauso angegriffen.

Eine Frauengruppe hatte mich als Rednerin eingeladen. Die Leiterin sagte: „Betty, ich glaube, daß Sie nicht nur hierhergekommen sind, um zu unserer Gruppe zu reden, sondern auch, um für meinen Mann zu beten, der unbedingt innere Heilung braucht."

„Also, was hat er denn für ein Problem?"

„Er ist so voller Angst", sagte sie. „Manchmal kann er seine Ängstlichkeit einfach nicht bewältigen. Außerdem ist auch seine Beziehung zu seiner Mutter total kaputt. Sie liegt schon seit einigen Tagen im Krankenhaus, aber er hat sie weder besucht noch angerufen. Er sagt: »Warum sollte ich mich um sie kümmern? Sie hat sich nie um mich gekümmert!«" Dann fuhr sie fort: „Mein Mann kann manchmal so nett sein, aber zu anderen Zeiten könnte man wirklich meinen, zwei Seelen würden in seiner Brust wohnen."

Ich war damit einverstanden, für ihn zu beten, wenn er ein echtes Verlangen nach innerer Heilung haben würde. Unser Reiseplan war sehr knapp bemessen, so daß wir dem Herrn dafür vertrauen mußten, uns die nötige Zeit zu beschaffen. Es war wirklich schon jede Sekunde ausgefüllt!

Aber etwas später an jenem Abend konnte ich mit der Frau nach Hause gehen. Ich saß mit ihr und ihrem Mann zusammen im Wohnzimmer. Wir beide erkannten, daß der Herr das gleiche zu uns gesagt hatte. Sie stand auf und ging hinaus; sie entschuldigte sich, indem sie meinte, sich auf die morgige Versammlung vorbereiten zu müssen. Ich glaube, wir hatten beide erkannt, daß ich mit ihrem Mann, Don, beten sollte.

Es gibt eine innere Spannung, wenn man weiß, daß Gott etwas vorhat! In solchen Situationen muß man nur darauf achten, daß man sich Ihm nicht in den Weg stellt. Es ist allzuleicht, in eigener Kraft vorzugehen und dadurch Gottes Pläne zu vereiteln.

Ich fragte Don nach seinem Beruf. Er sei erfolgreicher Geschäftsmann. Ich versuchte nicht, das Gespräch sofort auf ein geistliches Thema zu lenken. Ich merkte, daß Don sichtlich nervös war und ausweichende Antworten gab. Seine Augen bewegten sich furchtsam hin und her.

Während des Gesprächs fragte mich Don nach dem Buch, das ich über innere Heilung geschrieben hatte. Ich erzählte ihm, wie Gott uns nach Geist, Seele und Leib heil machen möchte. Weiter teilte ich ihm die zwei Schritte zur inneren Heilung mit: 1. Wir müssen die negativen Kräfte, die Satan gegen uns einsetzen will, im Namen Jesu binden. Ich nannte einige dieser Mächte. 2. Wir müssen Jesus bitten, alle schmerzvollen Erinnerungen zu heilen. Dann sagte er zu mir: „Wissen Sie, ich habe immer eine Angst in mir gehabt ... Ich habe diesen inneren Frieden, von dem Sie reden, nicht."

Dann erzählte er mir folgende Geschichte:

„Aus irgendeinem Grunde wurde ich als kleiner Junge zu meinen Großeltern gebracht. Meine Eltern hatten noch andere Kinder, aber ich war der einzige, der nicht zu Hause wohnen durfte. Ohne daß meine Eltern es wußten, pflanzten sie bei mir einen Samen der Minderwertigkeit. Meine Oma liebte ich sehr; sie war mir wie eine Mutter. Nach Großvaters Tod wurde unsere Beziehung noch enger. Sie hatte einen ledigen Sohn, der auch noch bei ihr wohnte; diese Personen waren praktisch meine Familie. Aber als ich zwölf Jahre alt war, bekam meine Oma Krebs. Ich begleitete sie immer zur Behandlung. Die Geräusche und Gerü-

che beim Arzt erweckten sehr viel Furcht in mir. Ich fühlte mich irgendwie verantwortlich für meine Oma; ich meinte, ich müßte selber zu ihrer Genesung beitragen.

Die nächsten fünf Jahre nahm ich es auf mich, Omas Krebsgeschwüre zu waschen und ihre Verbände zu wechseln. Es wuchsen aber Bitterkeit und Ressentiments in mir. Ich stand ja stets vor der Frage: „Gott, warum läßt Du das alles zu?"

Meine Oma starb, als ich 17 Jahre alt war. Damit fiel meine ganze Welt zusammen. Die einzige Familie, die ich liebte und kannte, war auf einmal weg."

Als ich mir diese Geschichte anhörte, kam es mir vor, als würde der Vers aus dem Buche Hiob genau auf diese Situation zutreffen: „Denn was ich gefürchtet habe, ist über mich gekommen, und wovor mir graute, hat mich getroffen" (Hiob 3, 25). In derselben Woche, in der die Oma gestorben war, hatte der Onkel geheiratet, so daß Don mit 17 Jahren ganz allein stand.

Die Samen, die der Satan gesät hatte, fanden in ihm guten Boden. Schon das Gefühl, von seiner eigentlichen Familie ausgestoßen worden zu sein, hatte in seinem Leben eine Tür für den Teufel aufgetan. Jetzt brachen die Bitterkeit, die Wut und der Zorn in sein Leben ein. Seine Verärgerung über das Alleinsein wuchs auch ständig. Er setzte seine Geschichte fort:

„Von nun an war der Erfolg mein einziges Lebensziel. Ich wollte am liebsten ein Erfolgserlebnis nach dem anderen haben, um der Welt zu beweisen, daß ich doch nicht so minderwertig war, wie ich mir vorkam."

Als er heiratete, hatte er noch keinen Raum für Gott in seinem Leben. Doch kam es eines Tages so weit, daß seine Frau Jesus Christus als Herrn und Heiland annahm. Sie wurde eine feurige Zeugin ihres Herrn. Sie wußte, daß Gott für sie und auch für ihren Mann einen Plan entworfen hatte; aber ihr Mann war erst einmal fest in Satans Griff. Manchmal war es so schlimm mit ihm, daß er während eines Wutanfalles versuchte, sie zu erdrosseln. Aber manchmal überkam ihn eine so große Furcht, während seine Frau weg von zu Hause war, daß er bei ihr anrief, um sie zu bitten, für ihn zu beten. Er schlief immer mit einer Pistole unter dem Kopfkissen. Die Furcht spielte eine so große Rolle in seinem Leben, daß er immerzu der Meinung war, jemand würde ihn beschleichen.

Seine Frau hatte mir vorher erzählt, daß sie zwei Abende früher zu einem Gottesdienst weggefahren war und ihr Mann während ihrer Abwesenheit im Bett lag. Dort verspürte er, wie ein böser Geist zu ihm in den Raum kam. Er war natürlich ganz erschrocken. Die Gegenwart dieses bösen Geistes war so echt, daß er nach seinem Hund rief, um den Geist zu vertreiben! Dann rief er sofort bei seiner Frau an, um sie für sich beten zu lassen.

Als Don mit dem Erzählen zu Ende war, hielt er inne. Ich sagte: „Gott möchte Sie frei machen. Er möchte Sie heilen. Er möchte Sie mit Seiner Liebe erfüllen. Denken Sie daran, daß Gottes vollkommene Liebe alle Furcht vertreibt" (1. Johannes 4, 18). Er antwortete: „Wissen Sie, ich glaube Ihnen. Beten Sie doch einmal für mich." Wir knieten beide nieder, er neben seinem Stuhl und ich am Sofa. Im Nebenraum hatte seine Frau sowieso schon die ganze Zeit gebetet.

Gepriesen sei der Herr! Er verheißt, daß alles, was wir auf Erden binden, im Himmel auch gebunden worden ist (Matthäus 18, 18). Der Herr machte Don von allen negativen Mächten frei — von der Furcht, von der Wut, von seinem Mangel an Geborgenheit, von der Bitterkeit, von allen Ressentiments. Hochmut, Zorn, Eifersucht, Minderwertigkeitskomplexe — alles mußte im Namen Jesu verschwinden! Nachdem wir um die Heilung seiner Erinnerungen gebetet hatten, ging er als erstes ins andere Zimmer zu seiner Frau und umarmte sie.

Später erzählte diese Frau: „Ich wußte sofort, daß ein Wunder stattgefunden hatte, denn als erstes bat mich mein Mann um Vergebung für all das Leid, das er mir verursacht hatte." Am nächsten Tag rief er bei seiner Mutter im Krankenhaus an und führte mit ihr ein Gespräch. Eine wunderbare Versöhnung erfolgte. Die Frau lachte und fügte hinzu: „Wissen Sie, ich sah erst recht, wie der Herr an ihm gewirkt hatte, als er am nächsten Tag freudig einen Besuch bei meiner Mutter mitmachte."

Gewiß hatte der Herr dies im Sinn, als er die Bibelstelle Epheser 2, 15 aufschreiben ließ: „Um in sich selber aus den zweien einen neuen Menschen zu schaffen und Frieden zu machen." Was Gott beginnt, das vollendet Er auch. Es war der Anfang eines Werkes Gottes im Leben dieses Mannes. Damit hatte er eine geistliche Pilgerschaft angetreten. Nach kurzer Zeit empfing er von Gott den Ruf, in den vollzeitigen Dienst zu gehen. Er gab seine gutbezahlte Stelle auf und besuchte zusammen mit seiner Frau ein theologisches Seminar.

Sind auch Sie voller Angst und Furcht? Gott liebt Sie sehr! Er möchte, daß auch Sie voller Frieden und Freude werden. Auch Sie sollen freimütig und im Vertrauen auf Ihren himmlischen Vater leben können. Gott hat Sie nicht dazu geschaffen, unter dem Joch von Furcht oder Ängstlichkeit einhergehen zu müssen. Wenn Sie irgendeine Furcht in Ihrem Leben spüren, ob vor dem Abgelehnt-Werden, vor Dunkelheit, vor Krankheit, vor dem Tod, ob vor dem Versagen, vor dem Autofahren, vor Menschenmengen, ob vor Wasser oder Tieren, Insekten oder Schlangen; wenn Sie sich vor dem öffentlichen Auftreten oder vor dem Fliegen oder vor geschlossenen Räumen fürchten; wenn Ihre Angst Bazillen oder Katzen oder sonst etwas gilt; was Sie auch immer für eine Angst oder Furcht haben mögen, Gott möchte Sie davon frei machen.

Aber kein Mensch auf dieser Erde kann Sie heilen. Nur Gott kann das tun. Jesus bezahlte auf Golgatha Ihre Schulden. Ihre Furcht, Ihre Angst, Ihre Panik, Ihre Spannungen, Ihre Sorgen, Ihre Nervosität — sie sind alle durch das Blut Jesu zugedeckt. Können Sie sich Ihm anvertrauen? Können Sie glauben, daß Er Sie tatsächlich frei machen möchte, ja, daß Er Sie ganz und gar heilen möchte?

Beten Sie doch jetzt dieses Gebet mit mir, und denken Sie daran, daß nur die Kraft Jesu heilen kann. Ihm gebührt alles Lob.

GEBET UM BEFREIUNG VON DER ANGST

Herr Jesus, ich weiß, daß in Deinem Wort steht: Wir haben nicht den Geist der Furcht empfangen, sondern den Geist der Kraft und der Liebe und der Besonnenheit. Danke, daß ich aufgrund Deines vergossenen Blutes frei sein darf.

Satan, ich binde dich im Namen des Herrn Jesus Christus. Im Namen Jesu binde ich den Geist der Furcht und alle verwandten Geister. Im Namen Jesu vertreibe ich euch!

Jesus, heile bitte meine Erinnerung an das Erlebnis, das diese Furcht verursachte. Mache mich bitte frei von der Ängstlichkeit, Angespanntheit, Nervosität. Hilf mir, Herr, daß ich mich ständig daran erinnere: „Der in mir ist, ist größer als der, der in der Welt ist." Erinnere mich daran, daß Du auf meiner Seite stehst. Wenn Du für mich bist, wer mag wider mich sein?

Erfülle mich, Herr, mit Deiner vollkommenen Liebe. Erfülle mich bitte mit Deiner Ruhe, mit Deinem Frieden, mit Deiner Freude. Gib mir heiligen Freimut und das Vertrauen darauf, daß ich alles vermag durch den, der mich stark macht. Ich vertraue Dir ganz, o Gott. Danke, lieber Herr Jesus, daß Du mich geheilt hast. Ich gebe Dir allein Preis und Ruhm dafür. Ich bete im Namen Jesu. Amen.

BIBELSTELLEN ZUM THEMA

2. Timotheus 1, 7: „Denn Gott hat uns nicht den Geist der Furcht gegeben, sondern den Geist der Kraft und der Liebe und der Besonnenheit."

1. Johannes 4, 18: „Furcht ist nicht in der Liebe, sondern die vollkommene Liebe treibt die Furcht aus; denn die Furcht rechnet mit Strafe. Wer sich aber fürchtet, der ist nicht vollkommen in der Liebe."

Lukas 12, 32: „Fürchte dich nicht, du kleine Herde!"

Jesaja 41, 10: „Fürchte dich nicht, Ich bin mit dir; weiche

nicht, denn Ich bin dein Gott. Ich stärke dich, Ich helfe dir auch, Ich halte dich durch die rechte Hand Meiner Gerechtigkeit."

Jesaja 12, 2: „Ich bin sicher und fürchte mich nicht; denn Gott der Herr ist meine Stärke und mein Psalm und ist mein Heil."

Psalm 46, 2—3: „Gott ist unsere Zuversicht und Stärke, eine Hilfe in den großen Nöten, die uns getroffen haben. Darum fürchten wir uns nicht, wenn gleich die Welt unterginge und die Berge mitten ins Meer sänken."

Psalm 91, 5: „Daß du nicht erschrecken mußt vor dem Grauen der Nacht, vor den Pfeilen, die des Tages fliegen."

Jesaja 41, 13: „Fürchte dich nicht... Ich helfe dir, spricht der Herr, und dein Erlöser ist der Heilige Israels."

Psalm 27, 1: „Der Herr ist mein Licht und mein Heil; vor wem sollte ich mich fürchten?"

Hebräer 13, 6: „So dürfen auch wir getrost sagen: »Der Herr ist mein Helfer, ich will mich nicht fürchten; was kann mir ein Mensch antun?«"

2. Mose 14, 13: „Fürchtet euch nicht, stehet fest und sehet zu, was für ein Heil der Herr heute an euch tun wird."

Sprüche 1, 33: „Wer aber mir gehorcht, wird sicher wohnen und ohne Sorgen sein und kein Unglück fürchten."

Jesaja 35, 4: „Saget den verzagten Herzen: »Seid getrost, fürchtet euch nicht! Seht, da ist euer Gott! Er kommt zur Rache; Gott, der da vergilt, kommt und wird euch helfen.«"

5. Mose 31, 8: „Der Herr aber, der selber vor euch hergeht, der wird mit dir sein und wird die Hand nicht abtun und dich nicht verlassen. Fürchte dich nicht und erschrick nicht!"

Psalm 112, 7: „Vor schlimmer Kunde fürchtet er sich nicht; sein Herz hofft unverzagt auf den Herrn."

Jesaja 43, 2—3: „Wenn du durch Wasser gehst, will Ich bei dir sein, daß dich die Ströme nicht ersäufen sollen; und wenn du ins Feuer gehst, sollst du nicht brennen, und die Flamme soll dich nicht versengen. Denn Ich bin der Herr, dein Gott, der Heilige Israels, dein Heiland."

Psalm 118, 6: „Der Herr ist mit mir, darum fürchte ich mich nicht; was können mir Menschen tun?"

Psalm 121, 6—8: „Daß dich des Tages die Sonne nicht steche noch der Mond des Nachts. Der Herr behüte dich vor allem Übel, Er behüte deine Seele. Der Herr behüte deinen Ausgang und Eingang von nun an bis in Ewigkeit."

Johannes 14, 27: „Den Frieden lasse Ich euch zurück, Meinen Frieden gebe Ich euch. Ich gebe ihn euch nicht, wie die Welt ihn gibt. Euer Herz erschrecke nicht und fürchte sich nicht."

Kapitel 3

Frei gemacht von Alpträumen

Eine der quälendsten Ängste ist die vor der Finsternis . Auch die Furcht vor dem Schlaf oder die Furcht, die zu Alpträumen führt, kann einen Menschen zur Verzweiflung treiben. Aber der Herr möchte, daß Seine Kinder zur Ruhe kommen! Und diese Ruhe bekommen wir normalerweise, während wir schlafen. Es ist bestimmt der Teufel, der uns unseres Schlafes berauben will.

Satan versucht, Gottes Volk zu Fall zu bringen, indem er ihnen Furcht vor der Finsternis einflößt, imaginäre Geräusche schickt und Alpträume verursacht. Vielleicht läßt er auch Ihr Herz pochen oder Ihr Haar zu Berge stehen, während Sie darauf warten, daß Sie vom Schlaf übermannt werden.

Es ist auch wirklich der Satan, der Sie an alles mögliche denken läßt, was etwa geschehen könnte oder was Sie unbedingt hätten tun müssen. Er schickt Kindern und Erwachsenen gleichermaßen Alpträume. Diese greifen ja unsere Nerven sehr an. Aber Gott ist treu, und Er möchte sogar diesen Bereich unseres Lebens mit Seiner Gegenwart erfüllen.

Ich denke gerade an ein kleines Mädchen aus der ersten Schulklasse, das nicht wollte, daß ich mit ihm bete. Das Mädchen sollte an einem Montagnachmittag um 14.30 Uhr zu einem Gespräch kommen; aber sie wollte gar nicht, denn dann hätte sie ihre Pfadfinderversammlung verpaßt. Aber ihre Eltern bestanden darauf, daß sie zu der Zeit kommen sollte, denn es wäre unmöglich gewesen, einen anderen Termin abzumachen. Die

Eltern machten sich große Sorgen darüber, daß ihre Tochter ständig unter Alpträumen litt.

Das Mädchen war ein hübsches Ding, sehr intelligent und auch schon an Jesus Christus gläubig. Ihre Eltern waren geisterfüllte Christen.

Zusammen knieten wir uns an meinem Sofa hin. Dann sagte ich dem Mädchen, sie sollte sich Jesus vorstellen. Dann betete ich für sie. Nach wenigen Minuten wurde dieses unruhige Mädchen ganz still. Fünfzehn Minuten lang blieb sie ganz still, bis ich mit dem Beten zu Ende war. Ich mußte mich fragen, ob sie etwa eingeschlafen war!

Später fragte ihre Mutter sie, ob sie geschlafen hätte. „Nein, Mutti", antwortete sie, „ich hörte alles, was ihr gesagt habt, doch fühlte ich mich so komisch." Dieses „komische" Gefühl war offensichtlich die heilende Kraft des Herrn.

Diese Familie wohnte zu der Zeit in Texas. Inzwischen sind sie nach Hawaii umgezogen. Neulich erhielt ich einen Brief von der Mutter:

Als Melissa etwa fünfeinhalb Jahre alt war, bekam sie auf einmal schreckliche Alpträume, zwei- oder dreimal in der Woche. In diesen Träumen ging es immer um Vampire oder Drakula oder ähnliches. Sie muß irgend so ein Programm im Fernsehen gesehen haben.

Natürlich beteten wir mit ihr und paßten auf, daß sie nie wieder ein solches Fernsehprogramm zu sehen bekam. Doch setzten sich diese Alpträume fort. Ein ganzes Jahr lang suchten wir nach weiteren Ursachen für diese Träume. Der Herr ist ja treu und gibt uns Weisheit, wenn wir von Ihm unsere Antworten suchen!

Wir entdeckten schließlich, daß die Sonntagsschule unserer Gemeinde viel zu viel über Satan und die Dämonen lehrte. Wir waren auf jeden Fall der Meinung, daß dies dazu beigetragen habe, daß Melissa so schlecht schlafen konnte. Mein Mann und ich gingen zu einem Ältesten der Gemeinde, und er empfahl uns, Melissa zu Ihnen zu bringen. An dem Nachmittag, als wir zu Ihnen fahren wollten, war Melissa sehr unruhig. Doch redeten Sie in Ihrer liebenswürdigen Weise mit ihr, und sie fing an, still zu werden. Sie lasen einige Bibelstellen über den Schlaf vor, dann sagten Sie, wir sollten uns alle neben dem Sofa hinknien, um zu Jesus zu reden und um Ihn zu bitten, diese Alpträume wegzunehmen.

Als Sie mit Ihrem Gebet zu Ende waren, schauten wir drei auf, Melissa jedoch noch nicht. Ich hatte schon gemerkt, als Sie anfingen zu beten, daß ihr Atem ruhiger geworden war. Erst als diese Gebetszeit vorüber war, wurde uns klar, daß Melissa eingeschlafen war und die ganze Zeit über bewußtlos war. Das muß ich der Kraft Gottes zuschreiben, denn wie könnte sonst mitten am Nachmittag eine gesunde Sechsjährige einschlafen? Am selben Abend erzählte Melissa: „Mutti, ich wußte nicht, was ihr sagtet, ich konnte nur eure Stimmen hören."

Seit dieser Gebetszeit vor sechs Monaten hat Melissa erst einmal wieder von Vampiren geträumt. Aber das erzählte sie uns gleich am nächsten Morgen und meinte, sie habe überhaupt keine Angst mehr gehabt. Ich preise den Herrn für Seine zarte Liebe und Fürsorge. Er kümmert sich sogar um die Nöte eines kleinen Mädchens!

Dieser Brief wurde in Hawaii abgeschickt. Das nächste Zeugnis kommt aus Kanada. Ich hatte zusammen mit meinem Mann Ed einen Dienst in Saskatchewan, Kanada. Am Morgen nach dem Gottesdienst dort kam eine vierköpfige Familie zu uns in die Seelsorge. Der Vater bat seinen zehnjährigen Sohn, mir zu erzählen, was am Abend vorher geschehen war.

Der Junge sagte: „Vor einem Jahr habe ich meinen Fußknöchel gebrochen, und vor drei Wochen habe ich mich wieder an derselben Stelle verletzt. Aber gestern abend hat der Herr all die Schmerzen weggenommen. Außerdem heilte Er mich von der Furcht vor der Dunkelheit."

Die Mutter fügte hinzu, daß keiner von ihnen so recht wußte, wann diese Furcht zum ersten Mal aufgetreten war. Der Junge würde jedoch oft mitten in der Nacht durchs Haus wandeln. Er schlief bald in einem Raum, bald in einem anderen. Doch hatte ihn jetzt der Herr geheilt. Lob und Dank! Die Eltern berichteten später, er würde jede Nacht ganz fest schlafen. Danke, Jesus.

Eine andere Mutter erzählte, daß ihr achtjähriger Sohn angefangen hatte, Alpträume zu haben, als sie sich von ihrem Mann scheiden ließ. Außerdem fürchtete sich der Junge vor Krankheiten, vor Bazillen und vor der Schule. Aber die größte Furcht in seinem Leben war eben die vor der Dunkelheit. Diese Furcht verursachte seine Alpträume.

Wenn eine Tür einmal aufgegangen ist, bleibt der Teufel nicht dabei, nur einen „Riesen" in unser Leben zu schicken. In diesem Fall war wahrscheinlich durch die Scheidung bei dem Jungen das Gefühl entstanden, nicht geliebt zu sein. Durch diese Tür traten dann die Furcht, der Mangel an Geborgenheit, die Sorge und die Konzentrationsschwäche ein. Traumatische Veränderungen im Leben eines Kindes können für Satan die Tür weit aufmachen!

Der kleine Junge verstand nicht, warum er auf einmal so viele Probleme bekommen hatte. Er verstand nur, daß es ihm schlecht ging! Tagsüber fürchtete er sich, in die Schule zu gehen, und nachts bekam er die schrecklichen Träume.

Nach einem Sonntagsgottesdienst beteten wir kurz für ihn, indem wir unsere Vollmacht über die „Riesen" in seinem Leben in Anspruch nahmen und Jesus baten, die schmerzvollen Erinnerungen zu heilen. Wir erwähnten dabei die Tatsache, daß Gott einen Engel gesandt hatte, um über den Jungen zu wachen, und daß Jesus immer bei ihm war, ob in der Schule oder zu Hause, ob er schlief oder mit seinen Freunden spielte.

Einige Wochen später sah ich seine Mutter wieder. Sie sagte, der Junge sei fast vollkommen frei geworden. Aber innere Heilung ist ein Prozeß; also teilte ich ihr kurz mit, wie sie weiter mit ihrem Sohn beten sollte, damit der Herr seine Erinnerungen ganz und gar heilen und jeden Tag die Leere in seinem Leben ausfüllen könnte.

Nicht nur Kinder bekommen Alpträume. Erwachsene leiden

manchmal auch darunter. Auf einer Tagung für christliche Buchhändler sprach ich mit einer Frau, der Mutter einer Bekannten, mit der ich vor einigen Jahren gebetet hatte. Sie sagte: „Seitdem Sie mit mir beteten, Betty, habe ich nie wieder Alpträume gehabt."

Diese Frau hatte vier Jahre lang immer denselben Traum gehabt. Sie war zu Besuch bei ihrer Tochter in Texas und rief bei uns an, um mich zu bitten, für sie um innere Heilung zu beten. Sie wollte gern von diesem sich wiederholenden Traum frei werden. Sie fragte mich, ob ich Träume auslegen könne. Ich versicherte ihr, ich könne so etwas nicht, doch würde ich gern beten und den Herrn bitten, sie von ihrem Alptraum frei zu machen.

Die Frau war im Heiligen Geist getauft und liebte Jesus von ganzem Herzen, doch hatte der Satan versucht, ihr den Schlaf zu nehmen. Als sie bei mir ankam, beschrieb sie diesen Traum, der einen ruhigen Anfang hatte, aber später ganz schrecklich wurde. Sie schrieb ihn später auf:

Ich befand mich in einem Auto und fuhr auf ein sehr schönes Haus zu, das von riesigen Bäumen umgeben war. Das Haus war groß und sehr imposant; es hatte viele Fenster. Es machte einen ganz friedlichen und heiteren Eindruck auf mich, darum hielt ich auch an und stieg die Treppe hinauf zur Haustür. Ich ging hinein und bewunderte die Architektur und die schönen Möbel. Das Haus war altmodisch eingerichtet, was mich besonders faszinierte.

Aber jedes Mal fing ich an, in diesem Haus zu arbeiten. Vor den vielen Fenstern hing ich Gardinen auf; ich mußte jedesmal auf eine Leiter steigen, um passende Gardinen für die verschiedenen Fenster auszumessen.

Es war ein heller, sonniger Tag; als ich allein dort arbeitete, war ich sehr glücklich. Doch als es anfing, dunkel zu werden, geriet ich in Panikstimmung. Ich lief wie wild hin und her und versuchte, alle Türen abzuschließen und die Fenster alle zuzumachen. Ich ließ die Rolläden herunter, aber sie waren immer zu kurz, so daß sie den Fenstersims nicht erreichten. Wie verrückt rannte ich durchs ganze Haus, und immer wieder entdeckte ich Fenster, die ich vergessen hatte oder deren Riegel kaputt waren. Bei einigen Türen fehlte ein Schlüssel.

Mittlerweile erschienen Gesichter an den Fenstern, die aber schnell wieder verschwanden. Draußen hörte ich Geräusche, die meine Panikstimmung steigerten, so daß ich bald hysterisch wurde.

Eine unsichtbare Kraft zwang mich dann, eine Treppe zu steigen — was ich partout nicht machen wollte. Ich mußte ein sehr dunkles Zimmer betreten, vor dem ich mich besonders fürchtete. Als ich mich diesem Raum näherte, fühlte ich, wie tausend Dämonen versuchten, mich in den Raum zu zerren. Es war ein unbeschreiblicher Schrecken!

Ich versuchte, wegzulaufen, doch dann stolperte ich und fiel die Treppe hinunter. Ich stand schnell auf und lief durch die verdunkelten Zimmer, auf der vergeblichen Suche nach einer Tür, die nach draußen führen würde.

An jenem Punkt wachte ich immer auf. Ich hatte eine solche Angst, daß ich mich am ganzen Leibe schwach fühlte. Ich war dann noch dankbar, daß ich mich im eigenen Bett befand. Ich fragte mich, warum der Herr es zuließ, daß ich jedesmal diesen schrecklichen Alptraum haben mußte.

Als ich zu Betty Tapscott ging, um für mich beten zu lassen, behandelte sie mich sehr zärtlich. Ich erzählte ihr den Traum, und Betty sagte: „Laß uns Jesus bitten, mit Ihnen zusammen durch das Haus zu gehen."

Zusammen knieten wir nieder. Dann nahmen wir die Hilfe Jesu in Anspruch und gingen im Geiste durch das ganze Haus. Wir stiegen sogar diese furchterregende Treppe hinauf und gingen in das schreckliche schwarze Zimmer. Betty bestand darauf, daß Jesus bei mir sei und daß ich darum keine Angst zu haben brauchte. Ich mußte sehr tapfer sein, um in das Zimmer hineinzugehen; doch, als ich einmal drin war, erkannte ich zu meinem großen Erstaunen, daß es ganz leer war. Nur die Wände waren schwarz gestrichen. Es war der große Betrüger selbst, der mich durch die Furcht vor diesem Raum in Fesseln gehalten hatte.

Nachdem ich dort in dem Raum mit Jesus zusammen gewesen war, erklärte mir der Herr jede Einzelheit des Traumes. Er offenbarte mir Begebenheiten aus meinem früheren Leben, die durch diesen Traum zum Ausdruck gekommen waren. Der Herr befreite mich ganz und gar von jedem Bereich und jeder Erinnerung, die eine Wiederholung des Traumes hätte auslösen können.

Es sind seither elf Monate vergangen. Der Traum ist nie wieder gekommen.

Diese liebe Dame betete so ernst und innig um innere Heilung. Ich erklärte ihr das Prinzip, daß wir in jede Situation unseres Lebens Jesus einladen können; dann bat ich sie, sich vorzustellen, wie Jesus mit ihr zusammen die gefürchtete Treppe steigen würde. Als wir beteten, wurde sie wieder mit dieser Furcht erfüllt, aber ich erinnerte sie daran, daß Jesus und ein Schutzengel mit ihr seien. Ich sagte: „Stellen Sie sich Jesus vor; Er hält Ihre Hand. Und der Schutzengel geht Ihnen voraus, während Sie diese ominöse Treppe steigen." Die Furcht mußte sofort weichen.

Dann lächelte sie auf einmal und sagte: „In meinem Geist kann ich den Engel sehen; er hat seine Flügel so ausgebreitet, daß sie auf beiden Seiten das Treppengeländer berühren." Da Jesus und Sein Engel bei ihr waren, fürchtete sie sich nicht mehr davor, in das besondere Zimmer hineinzugehen. In dem Augenblick, als sie sich vorstellte, in den Raum zu gehen, erkannte sie, daß es dort nichts, überhaupt nichts gab, wovor sie sich hätte fürchten müssen. Sie fing an, den Herrn dafür zu loben: „Danke, Herr Jesus. Lob sei Dir, Herr Jesus." Freudentränen kullerten ihr das Gesicht herunter, als sie erkannte, daß der große Betrüger, der Teufel, wieder einmal entlarvt worden war. Sie war frei. Preis sei dem Herrn!

Fürchten Sie sich vor der Dunkelheit? Haben Sie jedesmal Angst, wenn es anfängt, dunkel zu werden und die Nacht herbeikommt? Können Sie nachts nicht einschlafen, weil Sie sich vor den Alpträumen fürchten? Hören Sie in der Nacht alle möglichen Geräusche — ächzende Treppen, imaginäre Einbrecher? Wachen Sie morgens müde auf, weil Sie während der Nacht so sehr von der Angst gequält wurden?

Gott möchte nicht, daß Sie Ihre Nächte so verbringen müssen. Er möchte, daß Seine Kinder einen ruhigen Schlaf haben, frei von Furcht und Alpträumen. Gott interessiert sich genauso für diesen Bereich Ihres Lebens wie für jeden anderen.

Beten Sie jetzt mit mir folgendes Gebet; glauben Sie dabei, daß Gott Sie befreit und heilt:

GEBET VOR DEM SCHLAFENGEHEN

Herr Jesus, ich danke Dir, daß Du Tag und Nacht schenkst. Herr, Du schläfst nicht, sondern Du wachst über mir. Ich weiß, daß Du einem Schutzengel befohlen hast, auf mich aufzupassen!

Herr, ich übergebe Dir alle meine Sorgen. Dir gebe ich jetzt bewußt jegliche Angst oder Furcht aus meinem Leben ab.

Satan, ich binde dich im Namen Jesu! Alle Geister der Furcht, besonders der Furcht vor der Dunkelheit, weichet von mir im Namen Jesu! Ich schelte die Furcht vor dem Feuer und die Furcht vor Einbrechern im Namen Jesu! Geister der Schlaflosigkeit, Nervosität, Spannung und Sorge — ich treibe euch jetzt im Namen Jesu hinweg!

Herr, geh Du jetzt bitte in die dunkelsten Winkel meines Lebens, ja, bis in mein Unterbewußtsein hinein, wo die Träume entstehen, und heile dort alle schmerzvollen Erinnerungen und seelischen Verletzungen.

Herr, erfülle Du mich mit göttlicher Liebe. Gib mir Deinen Frieden, Deine Ruhe. Laß mich bitte die ganze Nacht gut schlafen, so daß ich am Morgen erquickt aufwache. Ich lege mich jetzt in Deine Hand.

Ich bete im teuren Namen Jesu. Amen.

WAS ELTERN TUN KÖNNEN, UM IHRE KINDER VOR DER ANGST ZU SCHÜTZEN

Es ist auf keinen Fall meine Absicht, Eltern hier zu verurteilen oder mit Schuldgefühlen zu belasten. Sehr oft bekommen die Eltern alle Schuld zugewiesen, wenn jemand Probleme hat; doch sollten sich Menschen, die sich in Schwierigkeiten befinden, zuerst an Jesus Christus wenden. Das Problem sollten wir nicht allezeit vor Augen haben, sondern den, der alle Probleme lösen kann! Vernünftige Eltern sollten jedoch Maßnahmen ergreifen, um den Satan daran zu hindern, ihre Kinder mit Furcht zu erfüllen.

1. Passen Sie sorgfältig auf, was für Fernsehprogramme Ihre Kinder sehen dürfen. Sogar sogenannte Kinderprogramme können Furcht auslösen. Sehen Sie doch einmal mit Ihren Kindern zusammen fern, um festzustellen, was sie dort zu sehen bekommen. Halten Sie besonders nach den Reaktionen Ihrer Kinder Ausschau. Werden Sie nach einem bestimmten Programm unruhig oder angespannt? Bekommen Sie in der Nacht nach gewissen Programmen Alpträume? Erlauben Sie es Ihren Kindern niemals, sich Gespenstergeschichten anzuschauen!
2. Als Strafe sollte man niemals ein Kind irgendwo einsperren.
3. Bestrafen Sie Ihr Kind nicht, weil es Angst hat. Die Angst ist für das Kind etwas sehr Reales; nur Jesus kann sie wegnehmen. Wenn ein Kind wegen seiner Angst bestraft wird, fühlt es sich nicht mehr angenommen. Durch eine Strafe wird das Kind nicht von seiner Angst befreit!
4. Sagen Sie niemals zu Ihrem Kind: „Wenn du nicht artig bist, kommt dich ein Polizist holen." Wir sollten unseren Kindern beibringen, daß man Polizisten respektieren und schätzen sollte.
5. Jedes Kind sollte möglichst bald lernen, daß es gefährlich sein kann, fremde Hunde oder Katzen zu streicheln, auf die

Straße zu laufen, in der Nähe von tiefem Wasser zu spielen oder sich von einem Fremden mitnehmen zu lassen. Das Kind sollte diese Dinge zur Kenntnis nehmen, ohne sich in unnormaler Weise davor zu fürchten.

6. Wenn sich ein Kind vor einem Gewitter fürchtet, nehmen Sie sich die Zeit, dem Kind zu erklären, was es mit Donner und Blitz auf sich hat. Zeigen Sie ihm, wie sich darin Gottes Schöpferkraft offenbart. Lehren sie Ihr Kind, geeignete Sicherheitsmaßnahmen zu ergreifen — z. B. daß man sich während eines Sturmes nicht unter einen Baum stellen soll.
7. Kinder sollten niemals Horrorfilme sehen. Ich meine aber wirklich: NIEMALS! Auch nicht in der Faschingszeit! Vielleicht meinen Sie: „Als ich jung war, sah ich lauter solche Filme; mir haben sie nie geschadet!" Ihnen vielleicht nicht, aber andere Menschen können durchaus davon beeinflußt werden. Ob sich das Risiko wirklich lohnt? Diese Art von Film ist sowieso minderwertig!
8. Seien Sie ehrlich mit Ihrem Kind! Wenn Sie als Eltern unbedingt wegfahren müssen, dann erklären Sie das dem Kind. Gehen Sie nicht unbemerkt aus dem Hause weg, ohne etwas zu sagen. Und wenn das Kind zum Arzt oder ins Krankenhaus muß, erklären Sie ihm vorher alles, was passieren wird. Geben Sie ruhig zu, daß die Behandlung weh tun könnte. Machen Sie aber dem Kind klar, daß die Schmerzen zu seiner Genesung führen.
9. Sagen Sie Ihrem Kind jeden Tag, daß Sie es lieben. Ihr Kind wird sich ganz besonders fürchten, wenn Sie auch nur im Scherz sagen: „Wir wollen dich fortschicken!" Meistens sagt man so etwas, wenn man wütend ist. Vor einigen Jahren ging ich mit einer Bekannten einkaufen. Ihr dreijähriger Sohn wollte sich nicht benehmen. Die Mutter wurde so verzweifelt, daß sie schließlich sagte: „Wenn du dich nicht endlich benimmst, will ich dich nicht mehr liebhaben." Sofort änderte sich das Verhalten des Jungen, aber nicht unbedingt zum Guten hin. Er fing an, sich an die Beine der Mutter zu klammern und zu schreien: „Hab' mich doch bitte lieb,

Mutti, hab' mich doch bitte lieb!" Zeigen Sie Ihrem Kind durch Wort und Tat, daß Sie es lieben.

10. Wenn Ihr Kind ein furchterregendes Erlebnis macht, nehmen Sie sich sofort die Zeit, um mit ihm zu beten. Machen sie sich auf keinen Fall darüber lustig. Sagen Sie niemals: „Jungen bekommen doch keine Angst!" oder: „Große Mädchen weinen nicht!" Bitten Sie vielmehr den Herrn Jesus, in das Erleben des Kindes hineinzukommen und sein Gedächtnis zu heilen. Es kann sein, daß Sie des öfteren beten müssen, bevor die Erinnerung ganz weg ist. Aber reden Sie mit Ihrem Kind über solche Erlebnisse. Als Vater oder Mutter können Sie täglich darüber beten und den Herrn bitten, jede Spur aus dem Leben Ihres Kindes wegzuwischen und die Leere mit Seiner Liebe und Seinem Frieden auszufüllen.

BIBELSTELLEN ZUM THEMA

Psalm 3, 6: „Ich liege und schlafe und erwache; denn der Herr hält mich."

Psalm 4, 9: „Ich liege und schlafe ganz mit Frieden; denn allein Du, Herr, hilfst mir, daß ich sicher wohne."

Psalm 56, 4—5: „Wenn ich mich fürchte, so hoffe ich auf Dich. Ich will Gottes Wort rühmen; auf Gott will ich hoffen und mich nicht fürchten. Was können mir Menschen tun?"

Sprüche 3, 24—26: „Legst du dich, so wirst du dich nicht fürchten, und liegst du, so wirst du süß schlafen. Fürchte dich nicht vor plötzlichen Schrecken noch vor dem Verderben der Gottlosen, wenn es über sie kommt; denn der Herr ist deine Zuversicht; Er behütet deinen Fuß, daß er nicht gefangen werde."

Psalm 91, 5—6: „Daß du nicht erschrecken mußt vor dem Grauen der Nacht, vor den Pfeilen, die des Tages fliegen, vor der Pest, die im Finstern schleicht, vor der Seuche, die am Mittag Verderben bringt."

Kapitel 4

Frei gemacht von Schuld

Als der Segnungsgottesdienst zu Ende war, kam eine etwa 35jährige Frau auf uns zu und bat uns, für sie zu beten. Nachdem fast alle Gottesdienstbesucher nach Hause gegangen waren, setzten wir uns mit ihr auf eine Kirchenbank und hörten uns ihre Geschichte an. Kaum hatte sie zu erzählen begonnen, als sich ihre Augen mit Tränen füllten. Sie war mit vierzehn Jahren das erste Mal schwanger geworden. Ihr damaliger Freund war erst 15 Jahre alt. Beide waren sie beschämt und ängstlich; die Schuld- und Furchtgefühle hätten sie beinahe überwältigt. Sie berieten miteinander, konnten sich aber nicht dazu durchringen, ihren Eltern davon zu erzählen. In äußerster Verzweiflung faßten sie den Entschluß, sich umzubringen.

Nach langem Hin- und Herreden kamen sie auf den „besten“ Weg, Selbstmord zu begehen. Der Freund wollte einen Wagen stehlen und damit vor einen Zug fahren. Als der Abend herbeikam, den sie festgelegt hatten, konnte der Junge tatsächlich eine Auto entwenden; er fuhr bei der Freundin vor, um sie zum letzten Mal abzuholen.

Doch hatte das Mädchen gerade an jenem Abend aufgetragen bekommen, auf ihren zweijährigen Bruder aufzupassen. Mit der Logik einer Vierzehnjährigen sagte sie: „Ich kann mich heute nicht umbringen, denn ich muß auf meinen kleinen Bruder aufpassen.“ Der Freund war böse und bestand darauf, daß sie mitkommen sollte; schließlich hatte er den Wagen schon gestohlen. Aber seine Freundin blieb standhaft, weil sie ihren Bruder nicht allein lassen wollte.

Der Freund fuhr dann zur Freundin seiner Freundin, holte sie ab und beging mit ihr den geplanten Selbstmord. Mit dem gestohlenen Wagen fuhr er an einem unbeschrankten Bahnübergang vor einen Zug. Er und das Mädchen kamen sofort ums Leben.

Die inzwischen erwachsene Frau schluchzte, während sie uns das alles erzählte. „Einige Monate später kam das Baby zur Welt, aber es starb", sagte sie. Sie wischte sich eine Träne von der Wange. „Ich wurde älter und heiratete. Nach einigen Jahren wurde ich Christin und empfing sogar die Taufe im Heiligen Geist. Aber das hat nicht ausgereicht, um mir die Furcht, die Schuldgefühle und Verdammnis zu nehmen. Jedesmal, wenn ich über einen Bahnübergang fahren muß, werde ich von Schuldgefühlen überwältigt. Ich muß an meinen damaligen Freund und an die Freundin, die an meiner Statt starb, denken. Ich bekomme es dabei mit einer solchen Angst zu tun, daß ich anhalten muß, bevor ich mich endlich zusammenreiße und über die Gleise fahre. Manchmal fahre ich sehr schnell über den Bahnübergang und versuche, nicht an die Vergangenheit zu denken. Wenn mein Mann am Steuer sitzt und vor einer Schranke zu nahe an den Gleisen hält, bekomme ich fast einen Anfall, weil ich immer denke, er könnte doch noch auf die Gleise fahren und von einem Zug erfaßt werden."

Dann fragte sie, ohne eigentlich eine Antwort zu erwarten: „Wissen Sie denn, über wie viele Bahnübergänge ich jeden Tag fahren muß?" Sie hielt einen Augenblick an, dann stellte sie noch eine Frage: „Meinen Sie, ich könnte von dieser schrecklichen Furcht und von den Schuldgefühlen geheilt werden?"

Satan begnügt sich nicht damit, nur *einen* Geist gegen uns auszusenden. Wenn durch die Sünde eine Tür zu unserem Leben aufgemacht wurde, und wenn er erst einmal seinen Fuß durch diese geöffnete Tür gesetzt hat, bringt er so viele negative Kräfte mit, wie er irgend kann. Im Falle dieser Frau blieb der Teufel nicht dabei, Schuldgefühle gegen sie anzuwenden. Nach den Schuldgefühlen schickte er auch die Furcht in ihr Leben.

Ich sagte ihr aber, daß Jesus ganz bestimmt ihre schmerzlichen Erinnerungen heilen und sie von aller Schuld und Angst frei machen würde, wenn sie Ihn nur darum bitten würde.

Ich erinnerte sie an die Worte aus Jesaja 43, 25: „,... Ich tilge deine Übertretungen im Meinetwillen und gedenke deiner Sünden nicht." Dann fuhr ich fort: „Denken Sie daran: Wenn Sie frei werden, dann ist es allein Jesus, der Sie frei gemacht hat. Kein anderer kann das. Ihm steht dann allein die Ehre zu!"

Zusammen gingen wir ins Gebet und banden alle Geister der Schuld, der Verdammnis, der Beschämung, der Furcht, der Reue und des Betrübtseins im Namen Jesu. Dann baten wir den Herrn Jesus, diese Erinnerungen aus ihrem Leben auszulöschen und ihr Leben mit Seiner liebevollen Anwesenheit zu erfüllen. Wir baten Jesus, in jede Situation hineinzukommen, die sie uns geschildert hatte.

Ich bat die Frau, sich vorzustellen, wie Jesus mit ihr im Auto sitzen würde. Seine Engel würden überall um das Auto her stehen, bereit, sie zu schützen. Dann bat ich Jesus, sie mit Seiner Liebe, Seiner Freude und Seinem Frieden zu überfluten.

Am nächsten Abend kam sie wieder in die Versammlung und bezeugte: „Preis dem Herrn, ich bin geheilt!" Voller Begeisterung rief sie: „Als ich heute über einen Bahnübergang fuhr, stellte ich mir vor, das Vorfahrtsschild wäre ein Kreuz. Jesus stand da und hatte Seine Arme vor der Brust gefaltet. Er machte mich von dieser schrecklichen Furcht und von all der Schuld frei!" Ist es nicht herrlich, was Gott alles tun kann? Lob sei Seinem wunderbaren Namen!

Am 1. Januar ging ich ans Telefon. Es war ein Mann am Apparat, der seinen Namen angab und sagte, aus welchem Bundesstaat er anrief. Dann fügte er hinzu: „Ich brauche unbedingt Ihre Gebete." Er weinte. Zwischen den Schluchzern sagte er immer wieder: „Ich habe meine Erlösung verloren. Ich habe etwas so Schlimmes getan, daß Gott mir nie vergeben kann." Ich konnte ihn kaum verstehen, so reumütig schien er über diese geheimnisvolle Sünde zu sein.

Schließlich fragte ich: „Was haben Sie denn getan?" Ich erwartete, daß er mir mindestens einen Massenmord bekennen würde. Doch stieß er unter Seufzern hervor: „Ich habe von meinem Arbeitgeber Geld gestohlen. Ich bin Christ und wußte, daß so etwas verkehrt ist. Ich weiß genau, daß Gott mir nie vergeben kann."

„Haben Sie schon einmal um Vergebung gebeten? Haben Sie Jesus gebeten, in Ihr Herz hineinzukommen?"

„Ja, das habe ich wohl", sagte er. „Vor vielen Jahren habe ich Jesus Christus als Erlöser angenommen. Aber ich gehöre zu einer Gemeinde, in der man lehrt, daß ein Christ, der sündigt, seines Heils verlustig gehen kann."

Ich schreibe dieses Buch nicht mit dem Ziel, irgendwelche Lehrstreitigkeiten zu entfachen. Doch steht in der Bibel geschrieben: „An ihre Sünden und an ihre Ungerechtigkeit will Ich nicht mehr denken" (Hebräer 10, 17). Und in Römer 8, 1 lesen wir: „So gibt es nun kein Verdammungsurteil für die, die in Christus Jesus sind." Das soll nicht heißen, daß wir immer sündigen dürfen, wenn uns danach zumute ist! Aber wenn wir straucheln oder fallen, ob durch Tat oder Gedanken, so dürfen wir anhand des Wortes Gottes wissen, daß Er uns vergeben wird, wenn wir uns nur demütigen und Ihn um Vergebung bitten.

Mit diesem Mann zusammen las ich einige Abschnitte aus der Heiligen Schrift und versicherte ihm, er könne die Vergebung erlangen, wenn er nur Jesus darum bitte. Das gestohlene Geld müsse er allerdings zurückgeben.

Einen Augenblick hörte er auf zu schluchzen und sagte: „Ich habe mir das Geld nur ausgeliehen, dann habe ich es meinem Arbeitgeber wiedergebracht. Der sagte, es sei alles in Ordnung, er würde mir vergeben. Dann bat ich meine Familie darum, mir zu vergeben, und sie waren ebenfalls dazu bereit." Dann fügte er aber hinzu: „Mir selbst kann ich aber nicht vergeben. Ich kann die Vergebung, die Gott schenkt, nicht annehmen."

Wer so eingestellt ist, spielt praktisch Gott. Wer die Vergebung nicht annimmt, erlaubt es Gott nicht, ihn zu richten, sondern er richtet sich selbst. Doch lehrt uns 1. Korinther 4, 3—4, daß wir Gott über uns richten lassen sollen. Wir können unsere Erlösung nie verdienen. Aber vor 2000 Jahren hat Jesus schon den nötigen Preis bezahlt. Die Bibel sagt in Titus 3, 5: „Er rettete uns — nicht um der Werke der Gerechtigkeit willen, die wir getan hatten, sondern nach Seiner Barmherzigkeit durch das Bad der Wiedergeburt und Erneuerung im Heiligen Geist."

In ihrem Buch: „Die heilende Kraft Christi" schrieb Emily Gardner Neal:

Es ist ein merkwürdiges Paradoxon, daß Christen, die vor allen Menschen um die Vergebung wissen sollten, so sehr unter Schuldgefühlen leiden. Gott muß das weh tun, denn daduch wird in der Praxis die Wirksamkeit des Opfers unseres Herrn auf Golgatha geleugnet."

Gegen diesen Mann, mit dem ich sprach, war der Satan gekommen, als er gerade einen schwachen Augenblick hatte. Dann hatte er etwas Geld gestohlen. Aber Satan hörte da nicht auf, ihn zu plagen. Er benutzte nicht nur Schuldgefühle und Verdammungsbewußtsein, um ihn herunterzuziehen; er flößte ihm auch noch die Furcht ein, seine Erlösung verloren zu haben.

Aber — gelobt sei Gott! — wir haben Macht über den Feind unserer Seelen! Wir können aus der Knechtschaft Satans errettet werden. Das Wort Gottes verheißt: „Er hat uns von der Macht der Finsternis errettet und uns in das Reich Seines lieben Sohnes versetzt, durch den wir die Erlösung haben, nämlich die Vergebung der Sünden" (Kolosser 1, 13—14).

Diesem Mann las ich den Vers Römer 10, 9 vor: „Denn wenn du mit deinem Mund bekennst, daß Jesus der Herr ist, und in deinem Herzen glaubst, daß Ihn Gott von den Toten auferweckt hat, dann wirst du gerettet werden." Dann ließ ich ihn seine Lebensübergabe an Jesus neu vollziehen:

„Ich weiß, daß Jesus am Kreuz für mich starb. Ich weiß, daß Er alle meine Sünden vergeben hat. Ich weiß, daß Er mein Erlöser

ist. Ich weiß, daß Sein Wort die Wahrheit ist; Er gedenkt nicht mehr meiner Sünden und Missetaten. Ich weiß, daß ich die Vergebung habe. Danke, Herr Jesus, daß Du mein Heiland geworden bist. Danke für Deine Vergebung. Ich bete in Deinem Namen. Amen.“

Gelobt sei der Herr! Ihm bedeuten Zeit und Raum gar nichts. Die Kraft Gottes ging durchs Telefon hinaus zu diesem Mann, der sich in einer weit entfernten Stadt befand. Zusammen banden wir im Namen Jesu die negativen Mächte, die sein Leben beeinflußt hatten. Dann bat ich ihn, folgende Worte zu wiederholen:

„Satan, du bist gezwungen, im Namen Jesu von mir zu weichen. Ihr Geister der Schuld und der Verdammnis, ihr seid im Namen Jesu gebunden. Ich treibe euch fort! Geister der Furcht und des Zweifels, ihr seid im Namen Jesu gebunden. Geister des Selbsthasses und der Beschämtheit, ich gebiete euch im mächtigen Namen Jesu zu weichen! Geister der Depression und des Selbstmordes, hebt euch im Namen Jesu davon!“

Während wir zusammen beteten, spürte ich auf einmal, wie die Bedrückung verschwand. Der Mann hat es genauso verspürt, denn er fing wieder an zu weinen — diesmal allerdings vor Freude. Er begann zu rühmen und Gott zu loben, weil die befreiende Macht Jesu die Ketten seiner Knechtschaft durchbrochen und ihn frei gemacht hatte.

„Wenn euch nun der Sohn frei macht, so seid ihr wirklich frei.“

Wir schlossen unser Gebet ab, indem wir Jesus baten, jeden Schmerz zu heilen, der durch die Beschämung und Schuld verursacht worden war, denen dieser Mann ausgesetzt wurde. Und tatsächlich bekam er die Freude ins Herz zurück (Psalm 51, 14); seine Heilsgewißheit wurde erneuert. Preis sei Gott!

Als ich eines Tages eine Gruppenversammlung leitete, die sich mit dem Thema „Innere Heilung“ beschäftigte, empfing ich vom Herrn ein Wort, daß dort jemand sei, der unter Schuldgefühlen leide. Diese Schuldgefühle hätten mit dem Tod eines anderen zu tun. Die betreffende Person würde geheilt werden. Ich sagte das Wort weiter; aber nach der Versammlung mußte ich staunen, denn sechs Frauen kamen zu mir und sagten alle: „Ich bin's gewesen; aber der Herr hat mich frei gemacht."

Eine dieser Frauen sagte: „Mein Vater starb, als ich erst 15 Jahre alt war. Ich war damals schon gläubig, hatte ihm jedoch nichts von Jesus erzählt. Er starb im Unglauben."

Eine andere sagte: „Ich hatte immer Schuldgefühle, weil ich mich geweigert hatte, meine Mutter in einen Heilungsgottesdienst mitzunehmen. Ich habe mir immer vorgeworfen: »Wenn ich sie nur mitgenommen hätte, wäre sie vielleicht geheilt worden.«"

Noch eine andere sagte: „Ich wußte damals nicht, daß mein Kind so krank war. Ich brachte es erst zu spät zum Arzt und es starb. Seit Jahren leide ich unter Schuldgefühlen."

Die anderen drei Frauen erzählten ähnliche Geschichten.

Der Teufel greift uns dann an, wenn wir sowieso unsere schwächsten Augenblicke haben, zum Beispiel wenn wir zutiefst betrübt sind. Dann benutzt er die Last der Schuld und der Selbstverdammung, um seinen Angriff zu unterstützen. Aber alle diese Frauen konnten bald bezeugen, daß Jesus sie frei gemacht hatte. Sie gingen freudig ihres Weges.

Eines Tages rief mich eine junge Frau aus einer anderen Stadt an und beklagte sich darüber, daß sie sich so weit entfernt von Gott vorkomme. Sie sei Christin und besuche regelmäßig den Gottesdienst. Ich stellte verschiedene Fragen, um herauszubekommen, welche Ursachen vorliegen könnten. Aber sie hatte mit dem Okkultismus nichts im Sinne; auch gab es niemanden, dem sie nicht vergeben hätte. Trotzdem sagte sie immer wieder: „Ich fühle nichts von der Fülle des Herrn."

Ich erklärte ihr, daß sich unser Wandel im Glauben nicht nach Gefühlen richten sollte. Wir leben rein aus dem Glauben. In seinem Buch: „Der Christ und seelische Störungen" schreibt Dr. Gilbert Little:

„Gefühle haben nichts mit unserer Erlösung zu tun, auch nicht mit der Vergebung. Wir wissen, daß wir errettet sind, weil uns das Gott in Seinem Wort zusagt. Und Gott kann nicht lügen. Die Bibel sagt: »Glaube an den Herrn Jesus Christus, und du wirst gerettet« (Apostelgeschichte 16, 31). Das Wort Gottes verheißt uns nie, daß wir uns anders fühlen werden. Es sagt einfach, daß wir gerettet werden, wenn wir Gottes Bedingung erfüllen: »Wer an Ihn glaubt, wird nicht verloren werden, sondern das ewige Leben haben« (Johannes 3, 16). Wenn wir Buße tun, unsere Sünden vor Gott bekennen und uns bewußt davon abwenden, dann haben wir die Verheißung Gotts, daß Er uns vergibt: »Wenn wir unsere Sünden bekennen, ist Er treu und gerecht und vergibt uns die Sünden und macht uns rein von aller Ungerechtigkeit« (1. Johannes 1, 9). — Gottes Verheißungen haben nichts mit unseren Gefühlen zu tun. Wenn Gott uns vergibt, ist Er zufrieden. Er gedenkt unserer vorigen Sünden nicht mehr. Darum sollten auch wir zufrieden sein und uns nicht nach unseren Gefühlen richten. Der Glaube ist eigentlich das Gegenteil von Gefühl. »Der Glaube ist ... ein Nichtzweifeln an dem, was man nicht sieht« (Hebräer 11, 1). Der Glaube ist ein Nichtzweifeln an dem, was wir nicht fühlen!"

Jedoch wußte ich, was diese Frau sagen wollte: Etwas hinderte sie daran, eine geisterfüllte, freudige Christin zu sein. Als ich mit ihr betete, ging es ihr etwas besser. Aber nach einigen Tagen rief sie wieder bei uns an und bat mich, noch einmal für sie zu beten. „Etwas stimmt nicht. Es kommt mir dauernd vor, als würden meine Gebete Gott nicht erreichen. Etwas blockiert."

Ich betete inbrünstig, daß Gott mir die Ursache ihres Problems offenbaren möge. Es kam mir vor, als würde Er mir das Wort „Abtreibung" zuflüstern. Diese junge Frau hatte mir nie etwas von irgendeiner Abtreibung gesagt, doch fragte ich sie sanft: „Haben Sie jemals eine Abtreibung vorgenommen?"

Es war, als würde ein Damm durchbrochen. Die Frau fing so sehr an zu schluchzen, daß ich der Meinung war, ihr würde das Herz brechen. Schließlich sagte sie: „Ja, ich habe einmal abgetrieben. Ich kann mich von den Schuldgefühlen nicht erholen. Ich kann mir selbst nicht vergeben."

„Haben Sie schon Gott um Vergebung gebeten?"

„Ja", sagte sie. „Ich habe Ihn immer wieder darum gebeten."

„Dann wissen Sie nicht, daß Jesus Ihnen schon vergeben hat?"

„Doch", erwiderte sie. „Mit meinem Verstand weiß ich es schon. Aber ich kann es irgendwie in meinem Geist nicht richtig verarbeiten."

Darum beteten wir zusammen und banden die negativen Kräfte, die der Satan benutzte, um sie lahmzulegen. Die Geister der Schuld, der Verdammnis, der Beschämtheit, der Reue, des Selbsthasses, des Mordes, der Unversöhnlichkeit, usw. mußten alle fliehen. Dann baten wir den Herrn, alle Wunden zu heilen, die durch die Abtreibung verursacht worden waren.

Wir baten anschließend den Herrn, auch alle Erinnerungen an diese Abtreibung aus ihrem Gedächtnis zu verwischen. Ich fühlte förmlich, wie die heilende Kraft Jesu ihr ganzes Wesen durchströmte. Mit dem Öl des Heiligen Geistes reinigte Er die Tiefen, schmerzlichen Wunden. Sie spürte Seinen Frieden und Seine Reinigung, als Sie die Vergebung annahm und auch sich selber zu vergeben bereit war.

Ich hörte nur noch einmal von ihr. Sie erzählte mir bei der Gelegenheit, sie würde sich wie ein anderer Mensch fühlen. Sie wurde in der folgenden Zeit mit dem Heiligen Geist erfüllt; und die Kraft und Freude des Herrn nahmen sie ganz in Besitz.

FALSCHE SCHULDGEFÜHLE

Es gibt zwei Arten von Schuldgefühlen: echte und falsche. Falsche Schuldgefühle können genauso viel Schaden verursachen wie echte Schuld. In seinem Buch: „Die Kunst, sich selbst zu verstehen", schreibt Cecil Osborn:

Falsche Schuldgefühle sind solche, die aufkommen, wenn keine echte Schuld vorhanden ist, nämlich wenn ein Mensch keine Sünde begangen hat. Es ist durchaus möglich, daß ein Mensch, der das Gesetz des Herrn nicht bewußt übertreten hat und auch nicht gegen ein menschliches Gesetz verstoßen hat, trotzdem von überwältigenden Schuldgefühlen heimgesucht wird. Die falschen Schuldgefühle entstammen meistens irgendwelchen Kindheitserlebnissen, durch die das Kind sich ungeliebt oder wertlos vorkam. Das Gefühl, nicht geliebt zu sein, kann sich in irgendeiner Form durchs ganze Leben ziehen. Der Mensch, der darunter leidet, weiß meistens nicht, ob er es mit Schuld, Minderwertigkeitskomplexen, Schüchternheit oder Entfremdung zu tun hat. Nur fühlt er sich »wertlos«, »untauglich«, »wie ein Versager«. Diese Gefühle werden aber vom Unterbewußtsein als Schuld registriert.

Vielleicht hat man Ihnen gesagt, als Sie jünger waren — auch wenn Sie viel gelernt haben: ,,Wenn du nur mehr lesen würdest, würdest du bessere Noten bekommen.'' Sie fühlten sich also schuldig, weil Sie nicht genug gelernt hatten. Oder bei einem Klavierkonzert spielten Sie, so gut Sie konnten, aber Sie machten trotzdem Fehler. Dann sagte jemand: ,,Du hättest mehr üben sollen.'' Da kamen die Schuldgefühle auf, weil Sie nicht mehr geübt hatten.

Eltern sollen wohl ihre Kinder ermahnen und zuweilen auch bestrafen, aber das sollte immer in der Liebe geschehen. Dabei sollte man nie vergessen, daß ein Kind viel Lob braucht, um sich gesund entwickeln zu können.

Neulich beobachtete ich, wie eine Mutter mit ihrer Tochter im Supermarkt umging. Das Kind hatte irgend etwas getan, was Kinder so tun, und die zornige Mutter schüttelte es und verdrosch es. Als sie an der Kasse standen, schrie die Mutter das Kind an. Dabei starrte sie das arme Kind mit einem vernichtenden Blick an, als wollte sie ihm mitteilen: ,,Du bist böse, ich liebe dich nicht!''

Ich frage mich, ob nicht deswegen das kleine Mädchen später ein hohes Maß an Schuldgefühlen haben wird. Wird sie in der Schule immer meinen, die Lehrerin verdächtige sie des Mogelns, bloß weil diese sie einmal scharf angeblickt hat? oder wird sie später Schuldkomplexe haben, wenn der Verkaufsassistent sie anspricht, obwohl sie niemals im Leben etwas stehlen würde?

Ein Mensch, der unter falschen Schuldgefühlen leidet, wird immer als erster denken: „Ich habe Schuld, daß wir uns streiten." Wenn zu Hause etwas schief läuft, denkt er automatisch: „Was habe ich denn da wieder verkehrt gemacht?" Ein solcher Mensch leidet unter viel Selbstverurteilung und großem Mangel an Selbstachtung.

Gibt es denn überhaupt einen Menschen, der nicht automatisch auf den Tacho schaut, wenn er einen Polizeiwagen sieht — auch wenn er weiß, daß er nicht zu schnell fährt? Diese Reaktion entstammt einem falschen Schuldgefühl.

Ist es jemals vorgekommen, daß Sie in der Nähe eines Kindes standen, als es scheinbar ohne Grund zu schreien anfing? Sie haben dem Kind überhaupt nichts getan, aber die Mutter des Kindes kam aggressiv auf Sie zu und sagte: „Haben Sie wohl mein Kind gekniffen?" Obwohl Sie wirklich nichts getan hatten, fühlten Sie sich schuldig, bloß weil die Mutter Sie für schuldig hielt.

Einige Eltern bringen ihren Kindern unbewußt bei, wie sie falsche Schuldgefühle und Selbstvorwürfe pflegen können. Sie sagen ihren Kindern (manchmal auch ohne Worte!): „Du bist böse; du bist nicht artig; du bist häßlich; du bist ein Versager."

Jedoch sollten wir Eltern unsere Kinder loben und ihnen sagen, wie sehr wir sie lieben; wir sollten ihnen vergeben und ihnen beibringen, wie sie sich selbst vergeben und Gottes sowie unsere Vergebung annehmen können.

Einige Prediger predigen ständig über die Hölle und die Verdammnis. Von der Kanzel sprechen sie dauernd über Schuld und Verurteilung. Am Ende des Gottesdienstes fühlt sich dann das durchschnittliche Gemeindeglied erschlagen.

Ich möchte an diesem Punkt nicht mißverstanden werden. Wir sollten uns wohl schuldig fühlen, wenn wir eine Sünde begangen haben. Darum hat uns der Herr ein Gewissen gegeben: wir sollten dadurch von unseren Sünden überführt werden. Nachdem wir jedoch um Vergebung gebeten haben und auch alles wieder gutgemacht haben, müssen wir auf keinen Fall dieselbe Sünde immer wieder bekennen. Wer das macht, hat Gottes Vergebung gar nicht erst angenommen. Er beugt sich vielmehr unter der Last falscher Schuldgefühle.

ECHTE SCHULDGEFÜHLE

Echte Schuldgefühle treten auf, wenn jemand tatsächlich das Gesetz übertreten hat. Wenn es sich um das Gesetz Gottes handelt, dann liegt eine Sünde vor; wenn es sich um ein menschliches Gesetz handelt, dann liegt ein Verbrechen vor.

Adam und Eva waren die ersten Menschen, die unter echten Schuldgefühlen litten. Nachdem sie die verbotene Frucht gegessen hatten, kam Gott in den Garten. Adam und Eva versteckten sich vor Ihm. Gott fragte: „Wo bist du, Adam?“ Adam antwortete: „Ich hörte Dich im Garten und fürchtete mich; denn ich bin nackt, darum versteckte ich mich“ (1. Mose 3, 10).

Erinnern Sie sich daran, was Judas Ischariot tat, nachdem er Jesus verraten hatte? Er hängte sich auf, weil er so sehr von seiner Schuld überwältigt war.

Während Seines irdischen Dienstes begegnete Jesus vielen Menschen, deren Krankheiten echten Schuldgefühlen entstammten.

Jesus beseitigte immer die Wurzel des Problems. Als der Gichtbrüchige von seinen Freunden durchs Dach herabgelassen wurde, wußte Jesus sofort, daß dessen Krankheit das Ergebnis einer früheren Sünde war. Er vergab dem Mann und heilte ihn somit.

Aber nicht alle Krankheiten sind Ergebnis einer Sünde. Das hat Jesus auch oft klargestellt. Als jemand einmal fragte, ob ein Blinder wegen seiner Sünde in diesem Zustand sei, antwortete Jesus: „Weder dieser noch seine Eltern haben gesündigt, sondern an ihm sollen die Werke Gottes offenbar werden" (Johannes 9, 3).

In seinem Buch: „Psychiatrisches Handbuch für Christen" schreibt Dr. Quintin Hyder, daß mehr als die Hälfte seiner gläubigen Patienten Schuld als Symptom aufweisen. Er fügt hinzu:

Körperliche Krankheit wird oft als eine Art Strafe angesehen, ein Produkt irgendwelcher Schuldgefühle aus der Vergangenheit. Irgendein Versagen, Unehrlichkeit, Faulheit, Gedankenlosigkeit, Lieblosigkeit oder eine egoistische Tat steckt Verstand und Gefühle an und führt Jahre später zu Schuldgefühlen, die den persönlichen Frieden angreifen und zerstören. Diese Dinge verursachen nicht nur physische Krankheit; sie verhindern auch die Heilung, wenn die Krankheit als Strafe angesehen wird. Wenn der körperliche Schmerz doch durch Medikamente aufgehalten wird, entwickelt sich irgendwo anders ein anderer Schmerz. Psychologisch gesehen ist es leichter, den körperlichen Schmerz zu ertragen als die Last der Schuld, die durch den Schmerz unterdrückt wird.

Dieser bekannte christliche Arzt hat noch einiges über die Schuld zu sagen:

Jegliche psychologische Theorie, die den biblischen Begriff leugnet, wonach das menschliche Verhalten nach einem göttlichen Maßstab beurteilt wird, hat nur begrenzte therapeutische Tauglichkeit, denn der Mensch findet es beinahe unmöglich, ernsthafte Übertretungen zu vergessen. Das Gedächtnis ist eine schwer zu überwindende Hürde. Es ist nicht möglich, alte Schuld einfach zu übergehen. Nur durch die göttliche Vergebung kann der Friede wiederhergestellt werden.

Es kommt oft vor, daß ein Mensch, der die Vergebung Gottes nicht annehmen kann, unbewußt versucht, sich selbst zu bestrafen. Darum haben einige Leute immer wieder Unfälle oder versagen auf irgendeinem anderen Gebiet.

Eine Frau im mittleren Alter, die ihre Schuldgefühle nicht überwinden konnte, bestrafte sich geistig. Aufgrund ihrer Schuld erlitt sie einen Zusammenbruch. Ihr Mann hatte einmal Ehebruch begangen, als er betrunken war. Die Frau war gläubig, aber sie entschloß sich, sich dadurch an ihm zu rächen, daß sie selber Ehebruch beging. Die Sünde, die sie dann beging, ließ sie danach nicht mehr los. Sie konnte die Vergebung Gottes nicht in Anspruch nehmen. Sie konnte weder sich selbst noch ihrem Mann vergeben.

In diesem Fall war der zu bezahlende Preis für diese Schuld ein Nervenzusammenbruch. Sie entfloh der Situation, indem sie sich gänzlich in Schweigen hüllte. Sie lehnte es ab, überhaupt noch zu reden. Als man sie in einen Heilungsgottesdienst mitbrachte, konnte sie nicht einmal mehr den Namen Jesus aussprechen. Sie starrte einfach mit leeren Augen vor sich hin.

Ich bat ihren Mann, sie am nächsten Tag zurückzubringen, damit ich gründlich für sie beten könne. Im Namen Jesu band ich den Geist der Schuld. Langsam wiederholte sie dann die Worte: „ Satan, weiche von mir im Namen Jesu." Es dauerte lange, lange Zeit, bevor wir sie dazu bewegen konnten, diese Worte auszusprechen. Langsam schaffte sie es, mit mir um innere Heilung zu beten. Dann sagte sie stotternd: „Aber ich war Sonntagsschullehrerin, ich war Sonntagsschullehrerin."

Ich erinnerte sie daran, daß Jesus ihr vergeben habe. Ich erinnerte sie an die Bibelstelle, wo es heißt: „Dann verdamme Ich dich auch nicht; gehe hin und sündige nicht mehr." Das sagte Jesus einer Frau, die beim Ehebruch ertappt worden war (Johannes 8, 11). Dann sagte ich ihr: „Dir ist vergeben. Du bist frei. Gottes Wort sagt, daß Er nie wieder Deiner Sünden oder Deiner Missetaten gedenken wird" (Hebräer 10, 17).

Nach zwei Stunden konnte diese kostbare Frau die Worte wiederholen: „Der in mir ist, ist größer als der, der in der Welt ist" (1. Johannes 4, 4). Und „alles vermag ich durch den, der mich stark macht" (Philipper 4, 13).

Als ich ihren Mann bat, wieder in den Raum zu kommen, standen sich die beiden wieder gegenüber. Aber diesmal leuchteten in ihren Augen Vergebung und Liebe auf. Diese Frau nahm wieder Impulse von der Außenwelt auf. Die Tränen liefen ihr nur so das Gesicht herunter.

Ich habe nie wieder etwas von dieser Frau gehört. Ich weiß nicht, ob sie später im vollkommenen Sieg wandeln konnte oder nicht. Ich bete, daß sie auch weiterhin die Tatsache annehmen konnte, daß Gott ihr vergeben hat. Jedenfalls sah ich an jenem Tag in ihren Augen den Sieg, als die heilende Kraft Jesu sie durchströmte.

In ihrem Buch: „Befreit von Depression und Schuldgefühl" schreiben Dr. Bruce Narramore und Bill Counts:

Vielleicht die leichteste, aber zugleich die schmerzlichste Weise, Schuldgefühle zu bewältigen, heißt einfach: Aufgeben und depressiv werden. Wenn jemand die Anklage der Schuld annimmt, fühlt er sich elend. Dann wird es aber schwer, den täglichen Beschäftigungen nachzugehen. Die Angst vor Bestrafung; das Gefühl, minderwertig zu sein; das Empfinden, von anderen nicht akzeptiert zu sein — diese Dinge legen einem eine große Last auf und nehmen die Energie, die man normalerweise konstruktiv verwenden würde. Menschen, die sich Schuldgefühlen und Selbstvorwürfen hingeben, werden meistens chronisch depressiv. Die Schuld kann uns gleichsam binden; sie drückt auf uns und beraubt uns unserer Freiheit und unserer Spontaneität. Und es ist kein Mensch, der gänzlich frei wäre vom Einfluß der Schuld. Die superordentliche Hausfrau; der gewohnheitsmäßige Sorgenmacher; der aggressive, gehetzte Geschäftsmann; der Schlaflose; der Student, der unter Erfolgszwang steht; und auch der suchende, religiöse Mensch — sie stehen alle wenigstens teilweise unter einer Last verborgener Schuld. Jeder von ihnen versucht, irgendeine Art Selbstannahme oder innere Harmonie zu entwickeln.

Wenn ein Mensch unter der Last seiner Schuld gebeugt ist, wird sich Satan nicht damit begnügen, ihn auf diese Weise zu quälen. Er schickt dann eine Menge andere negative Kräfte gegen ihn, z. B. Depression, Selbstvorwürfe, sogar Selbstmordgedanken.

Nachdem ich mit einer Frau aus dem Bundesstaat Virginia telefoniert hatte, schrieb sie mir folgenden Brief:

Ich möchte den Herrn dafür preisen, daß Er mich von Selbstvorwürfen, Selbstverurteilung, Beschämtheit und Verlegenheit befreite. Ich preise den Herrn, daß Er mir den Kritikgeist, den Richtgeist, die Zweifel und den Unglauben nahm. Gelobt sei der Herr, daß Er dieses Haus vom Geist der Finsternis befreit hat!

Betty, während Sie mit mir am Telefon gegen die Selbstvorwürfe beteten, kam es mir vor, als wollte der Satan mich nicht von dieser Sünde freigeben. Aber die Reinigung begann, als ich zu weinen anfing; der Herr schenkte eine wirkliche Erlösung! Wie herrlich! Halleluja! Eine solche Befreiung tut einerseits weh, aber man freut sich trotzdem darüber, wenn man weiß, daß man für den Herrn heilig gemacht wird.

Jetzt stehe ich immer vor dem Spiegel und sage mir selbst: »Ich liebe dich.« Dann füge ich hinzu: »Und Dich liebe ich auch, himmlischer Vater.“ Das mache ich etwa fünfmal am Tag. Es fällt mir gar nicht leicht, mir selbst zu sagen, daß ich mich liebe. Aber ich weiß, ich muß in geweihter Weise an meiner Selbstannahme arbeiten.

Jesus ist wohl der einzige Psychiater, der Leib, Seele und Geist heilt!

Betty, ich möchte Ihnen von ganzem Herzen danken, daß Sie bereit waren, mit mir zu beten. Ihr Mitgefühl, Ihr Verständnis und Ihr Glaube sind sehr wertvoll!

„Wohl dem, dem die Übertretungen vergeben sind, dem die Sünde bedeckt ist! Wohl dem Menschen, dem der Herr die Schuld nicht anrechnet, in dessen Geist kein Trug ist“ (Psalm 32, 1—2).

Sind auch Sie gebeugt unter der Last Ihrer Schuld? Haben auch Sie das Gefühl, Gott könnte Ihnen nie vergeben? Können Sie sich selber nicht vergeben? Jesus hat aber den Preis schon bezahlt! In 1. Johannes 1, 9 lesen wir: „Wenn wir aber unsere Sünden bekennen, ist Er treu und gerecht und vergibt uns die Sünden und macht uns rein von aller Ungerechtigkeit.“

Denken Sie daran: Es gilt, folgende Schritte zu beachten, wenn Sie Ihre Schuld überwinden möchten:

1. Seien Sie ehrlich mit sich selber. Geben Sie Ihre Sünde zu; verheimlichen Sie Ihre Schuldgefühle nicht!
2. Bekennen Sie Ihre Sünde Gott und bitten Sie Ihn um Vergebung.
3. Wenn Sie jemandem etwas zuleide getan haben, bitten Sie auch den Betreffenden um Vergebung.
4. Leisten Sie Wiedergutmachung!
   a) Wenn Sie Geld gestohlen haben, zahlen Sie es zurück.
   b) Wenn Sie etwas kaputt gemacht haben, ersetzen Sie es, wenn irgend möglich.
   c) Versuchen Sie den Klatsch aufzuhalten, den Sie in Gang gesetzt haben.
5. Akzeptieren Sie die Tatsache, daß Sie möglicherweise die Konsequenzen Ihrer Sünde werden tragen müssen.
6. Erkennen Sie an, daß Gott Ihnen vergeben hat. Er möchte, daß Sie sich selber vergeben.
7. Beten Sie selbst oder lassen Sie für sich beten; dabei sollten Sie die Riesen der Schuld aus Ihrem Leben im Namen Jesu austreiben.
8. Beten Sie noch, daß Gott die schmerzlichen Erinnerungen heilen möchte, die aus der Situation verblieben sind, die Ihre Schuld verursachte. Bitten Sie Ihn, Ihnen dabei zu helfen, wenn Sie die Vergangenheit hinter sich lassen und sich nach der Zukunft ausstrecken.

GEBET UM BEFREIUNG VON DER SCHULD

Vater, ich danke Dir, daß Jesus am Kreuz starb, um meine Schuld und meine Sünde zu tilgen. Satan, du bist jetzt im mächtigen Namen Jesu gebunden! — Jesus, mache mich bitte jetzt frei von allen negativen Kräften der Schuld, der Selbstverurteilung, der Beschämtheit, der Verlegenheit, der Selbstvorwürfe, der Minderwertigkeitskomplexe und der Unversöhnlichkeit.

Lieber Herr Jesus, wische bitte jede schmerzliche Erinnerung über die Sünde, die ich begangen habe, oder über den Unfall, den ich verursacht habe, aus meinem Gedächtnis. Reinige und heile Du die tiefe Wunde. Ich gebe Dir alle meine Schuldgefühle, echte sowie falsche.

Herr, hilf mir bitte, die Vergangenheit zu vergessen und mich auf das zu freuen, was auf mich zukommt. Ich danke Dir, Herr, daß Du mir vergeben hast. Ich bitte Dich, mich mit einer solchen Liebe und mit solchem Mitleid zu erfüllen, daß ich anderen vergeben kann, die mir weh getan haben oder die meine Schuld teilen. Hilf mir, mir selbst zu vergeben.

Ich liebe Dich, Jesus. Ich preise Dich. Ich bete Dich an. Danke, daß Du mich frei gemacht hast. Ich bete in Deinem Namen. Amen.

BIBELSTELLEN ZUM THEMA

Jesaja 43, 25: „Ich, Ich tilge deine Übertretungen um Meinetwillen und gedenke deiner Sünden nicht."

Psalm 32, 1—2: „Wohl dem, dem die Übertretungen vergeben sind, dem die Sünde bedeckt ist! Wohl dem Menschen, dem der Herr die Schuld nicht zurechnet, in dessen Geist kein Trug ist."

Römer 8, 1: „So gibt es nun kein Verdammungsurteil für die, die in Christus Jesus sind."

Epheser 1, 7: „In Ihm haben wir die Erlösung durch Sein Blut, die Vergebung der Sünden nach dem Reichtum Seiner Gnade."

Titus 3, 5: „Er rettete uns — nicht um der Werke der Gerechtigkeit willen, die wir getan hatten, sondern nach Seiner Barmherzigkeit durch das Bad der Wiedergeburt und Erneuerung im Heiligen Geist."

Hebräer 1, 3: „Er hat die Reinigung von den Sünden vollbracht."

Hebräer 10, 17: „An ihre Sünden und ihre Ungerechtigkeit will Ich nicht mehr denken."

Johannes 8, 11: „Dann verdamme Ich dich auch nicht; geh hin und sündige nicht mehr."

Kolosser 2, 13—15: „Und Er hat euch mit Ihm lebendig gemacht, die ihr tot wart in euren Sünden und in der Unbeschnittenheit eures selbstsüchtigen Wesens. Er hat uns alle Sünden vergeben; Er hat unseren Schuldbrief getilgt, der mit seinen Forderungen gegen uns stand, und hat ihn weggeschafft und an das Kreuz geheftet. Er hat die Mächte und Gewaltigen entwaffnet und sie öffentlich zur Schau gestellt und hat über sie triumphiert in Christus."

Römer 3, 23—24: „Alle haben gesündigt und die Herrlichkeit verloren, die Gott ihnen zugedacht hatte, und werden ohne Verdienst gerecht aus Seiner Gnade durch die Erlösung, die durch Christus Jesus geschehen ist."

Kapitel 5

Frei gemacht von Unversöhnlichkeit

Dadurch, daß wir mit vielen Menschen beteten und sie seelsorgerlich betreuten, entdeckten wir, daß viele seelische Krankheiten einer bitteren Wurzel der Unversöhnlichkeit entspringen. In Matthäus 6, 14—15 lesen wir: „Denn wenn ihr den Menschen ihre Verfehlungen vergebt, so wird auch euch euer himmlischer Vater vergeben. Wenn ihr aber den Menschen nicht vergebt, so wird euch euer Vater eure Verfehlungen auch nicht vergeben."

Unser geistliches Fundament ist die Vergebung — die Vergebung, die wir selbst von Gott empfangen und auch die Vergebung, die wir anderen zuteil werden lassen sollten. Manchmal habe ich mich, ehrlich gesagt, entsetzt, wenn ich die Geschichten hörte, die mir in der Seelsorge vorgetragen wurden. Viele Menschen sind zutiefst verletzt worden; sie sind so ungerecht behandelt worden, daß ich mich gefragt habe, wie es überhaupt möglich ist, daß sie vergeben können. Und doch sagt Gottes Wort, daß sie vergeben müssen.

EINEM MÖRDER VERGEBEN

Einmal rief eine Frau bei mir an und fragte, ob sie zusammen mit ihrem Mann zu mir kommen dürfte, um für sich beten zu lassen. Als die beiden bei mir ankamen, teilte mir die Frau folgendes mit: Die beiden waren schon immer in ihrer Gemeinde aktiv gewesen. Auch ihr Sohn war immer mit in den Gottesdienst gegangen, bis er 16 Jahre alt war. Dann begann er, den Glauben und auch Gott abzulehnen. Er sagte: „Mutter, ich möchte nicht mehr in den Gottesdienst gehen. Ich möchte lieber dorthin, wo es ein bißchen spannend zugeht." Darum gesellte er sich einer Motorradgruppe zu.

In den nächsten Monaten hatte der Junge alles ausprobiert, was der Satan ihm anzubieten wußte. Er nahm Drogen, beteiligte sich an Sex-Orgien, nahm sogar an dem Satanskult teil, da seine Freundin eine Hexe war. „Alles, was man sich vorstellen kann, hat er mitgemacht", sagte die Mutter. Aber diese Dinge brachten dem Jungen nicht das erhoffte Glück; er wurde eher noch unruhiger, ja, sogar verzweifelt. „Aber" — so sagte die Mutter — „wir hörten nicht auf, Gott zu loben und um ein Wunder zu beten."

Eines Tages kam der Junge total verzweifelt nach Hause und sagte: „Mutter, draußen in der Welt ist doch keine Freude und kein echter Friede. Ich möchte zum Herrn zurückkommen. Ich möchte wieder nach Hause kommen. Wollt ihr mir vergeben?"

„Ach", sagte sie, „da haben wir jubiliert!" Aber danach kam die Katastrophe. Drei Wochen, nachdem der Junge nach Hause zurückgekehrt war, wurde er umgebracht. Der Mörder war nicht ein Mitglied der Motorradgruppe, sondern ein Fremder. Er wurde sogar festgenommen, aber auf Bewährung wieder freigelassen.

Die Mutter sagte, sie sei auch mit diesem ungerechten Gerichtsurteil fertiggeworden. Sie vertraute weiterhin dem Herrn. „Doch geschah etwas mit meinem Mann. Der Tod unseres Sohnes hat ihm keine Ruhe mehr gelassen. Er kann dem Mann nicht vergeben, der ihn umgebracht hat. Sein einziger Gedanke ist nur noch: »Wie kriege ich diesen Kerl hinter Gitter?« Er schrieb viele Briefe an Beamte und Regierungsvertreter und alle möglichen Richter. Er führte ein Telefongespräch nach dem anderen in dem Versuch, sich für den Tod seines Sohnes zu rächen."

Dann fuhr die Frau fort: „Es war vor einem Jahr, als mein Sohn dem Leibe nach starb. Aber in der Zwischenzeit habe ich dem Geiste nach meinen Mann verloren. Er kommt nicht mehr mit in den Gottesdienst. Er ist kaputt. Er ist traurig und niedergeschlagen und von Haß und Unversöhnlichkeit erfüllt."

Wir sagten diesem Ehepaar, daß Gott die heilt, die zerbrochenen Herzens sind, und ihre Wunden verbindet (Psalm 147, 3). Er macht den Gefangenen frei. Ich wandte mich dem Mann zu und sagte: „Sie haben einen schrecklichen Verlust erlitten. Was dieser Mann Ihnen und Ihrem Sohn zugefügt hat, ist unvorstellbar. Doch möchte Gott Ihr zerbrochenes Herz heilen und Sie frei machen. Dafür gibt es aber Bedingungen, die Sie erfüllen müssen. Eine dieser Bedingungen ist die *Vergebung.*"

Nun glaube ich auf keinen Fall daran, daß man Menschen mit der Bibel erschlagen muß; wir sollten niemals mit unseren Ermahnungen einen anderen Menschen mit Schuld- oder Verdammungsgefühlen überschütten, weil er es schwer findet, einem anderen zu vergeben. Doch wußte ich in dieser Situation, daß dieser Mann durch seine Unversöhnlichkeit letzten Endes zerstört werden würde. Die Rachsucht würde ihn ganz und gar verzehren. Er würde deswegen nicht geheilt werden können.

Darum erinnerte ich ihn ruhig an die Tatsache, daß der Herr sagt: „Die Rache ist mein, Ich will vergelten" (Römer 12, 19). Und dann las ich ihm aus der Bibel die Worte vor: „Wer seinen Bruder haßt, der ist ein Mörder, und ihr wißt, daß in einem Mörder das ewige Leben nicht bleibt" (1. Johannes 3, 15).

Dann knieten wir uns zusammen am Sofa nieder und fingen an zu beten. Mein Mann ließ diesen Vater sich von allen negativen Kräften lösen, die ihn bedrängt hatten. Er nannte sie spontan nacheinander: Betrübnis, Leid, Ressentiments, Wut, Verzweiflung, Depression, Hoffnungslosigkeit, Schmerz, Bitterkeit, Haß. Dann wandten wir uns dem Geist der Unversöhnlichkeit zu. Wir fragten den Mann, ob er dem Mörder seines Sohnes vergeben könne. Er aber antwortete: „Nein, das kann ich nicht."

„Möchten Sie es aber?" fragte ich ihn.

Es ist allzuleicht für den Seelsorger, jemandem zu befehlen, einem anderen zu vergeben. Aber für einen Menschen, der tief verwundet ist, ist es gar nicht leicht, diese Vergebung auszusprechen. Dieser Vater wußte wohl, was die Bibel über die Vergebung sagt, aber er hatte einfach die Kraft nicht, diese Erkenntnis in die Realität umzusetzen. Er sagte also wieder: „Ich kann ihm nicht vergeben."

Wir beteten noch einmal und geboten dem Geist der Unversöhnlichkeit, von ihm zu weichen. Dann fragten wir ihn wieder: „Möchten Sie nicht doch, daß Jesus diesem Mörder durch Sie vergeben kann?"

Er dachte einen Augenblick nach, dann antwortete er: „Ja, ich bin bereit, daß Jesus diesem Mörder durch mich vergibt." Nach einer längeren Pause fügte er hinzu: „Jesus, mach mich willig, selbst diesem Mann zu vergeben!"

Als er diese Vergebung aussprach, schien die Herrlichkeit Gottes über uns zu kommen. Wir konnten nun Jesus bitten, die schmerzgeladenen Erinnerungen zu heilen und die tiefen Wunden zu verbinden. Wir baten den Herrn, die Leere im Leben dieses Mannes auszufüllen und ihm ganz neu die Freude des Heils zu schenken.

Als wir mit dem Beten zu Ende waren, sagte ihm Ed: „Sie haben doch auch ein körperliches Problem, oder? Sie haben doch ein Bein kürzer als das andere, nicht wahr?"

„Ja, ich hatte einmal einen Unfall und verletzte einen Wirbel. Seit mein Sohn starb, habe ich furchtbare Rückenschmerzen. Aber woher wissen Sie denn etwas darüber?"

Ed erklärte, daß der Herr es ihm eben geoffenbart hatte. Wir beteten noch einmal zusammen, und der Herr heilte seinen Rücken, nahm die Schmerzen weg und machte auch die Länge der Beine gleich. Ed sagte: „Tun Sie jetzt etwas, das Sie vorher nicht tun konnten!" Der Mann bückte sich und berührte seine Zehen mit der Hand.

„Nun, das konnte ich jahrelang nicht mehr", staunte er. Er bückte sich noch einmal und stellte fest, daß er überhaupt keine Schmerzen mehr verspürte. Es sah so aus, als hätte er diesen trübsinnigen Blick endgültig verloren, den er hatte, als er zu uns hereinkam! Bitterkeit und Unversöhnlichkeit waren aus seinen Gesichtszügen verschwunden; jetzt strahlte er vor Freude und Wonne im Herrn!

Als das Ehepaar an jenem Abend das Haus verließ, sagte ich diesem Mann: „Wissen Sie, Sie haben noch zwei Aufgaben, die Sie für den Herrn erledigen sollten. Als erstes sollten Sie das tun, was Sie sowieso hätten tun müssen in Ihrem Leben. Aber Sie sollten auch noch die Lebensaufgabe Ihres Sohnes übernehmen, die er nicht zu Ende führen konnte."

Er erwiderte: „Sie haben recht. Ich dachte etwas Ähnliches. Ich glaube, der Herr will, daß ich zu diesen Motorradgruppen gehe und ihnen von Jesus erzähle. Wir haben die Möglichkeit, gut mit ihnen ins Gespräch zu kommen. Einem Fremden würden sie das nicht erlauben."

Gewiß hat der Herr diesen Auftrag gemeint, als Er sagte: „Geht hin in alle Welt und predigt das Evangelium der ganzen Schöpfung" (Markus 16, 15) — die Motorrad-Rocker sind damit auch gemeint.

Nur wenige Familien müssen mit so etwas wie einem Mord fertig werden. Und nur wenige Menschen werden in dieser Art und Weise mit dem Riesen der Unversöhnlichkeit konfrontiert. Allein durch die Gnade unseres Herrn können Eltern mit dem tragischen Tod eines Kindes fertig werden.

VERGEBUNG NACH UNFÄLLEN

Erst letzte Woche wurde in unserer Gegend ein 13jähriger Junge von einem 17jährigen versehentlich erschossen. Der ältere Junge war angeblich ein Satansanbeter. Direkt nach dem Unfall sprach ich mit der Mutter des Gestorbenen. Zwei Jahre früher hatte ich diese Familie zum ersten Mal kennengelernt, als sie alle zu mir in die Seelsorge kamen, um für sich beten zu lassen.

Die Mutter hatte sehr an ihrer Erlösung gezweifelt, aber sie gewann den Sieg über Satan. In herrlicher Weise war diese

Familie im Herrn gewachsen. Und dann passierte diese schreckliche Tragödie. Die Mutter sagte: ,,Gott hat mir einen Geist der Vergebung geschenkt.“ Sie schluchzte. ,,Betty, durch den Tod unseres Sohnes hat der Junge, der ihn erschoß, Jesus angenommen; es sind drei andere Jungen zum Herrn gekommen; und eine Ehe, die dabei war, in die Brüche zu gehen, ist wieder heil geworden.“ Das Herz dieser Mutter wäre beinahe gebrochen, aber sie vergab trotzdem dem jungen Mann, der ihren Sohn versehentlich erschossen hatte.

Die Beerdigung des Jungen war ein richtiger Lob- und Anbetungsgottesdienst. Der Pfarrer sprach den jungen Menschen, die gekommen waren, direkt ins Herz. Er teilte ihnen mit, wie man Christus annehmen und gerettet werden kann. Die traurigen Freunde und Mitschüler ermahnte er, ihr Leben für Christus einzusetzen. Er erinnerte sie daran, daß das Leben sehr kurz ist; wir wissen nie, was im nächsten Augenblick passieren kann; unsere Hoffnung ist Jesus.

Wie sehr ich den Herrn dafür preise, daß diese Familie es Jesus gestattet, ihre tiefen Wunden zu verbinden. Jesus gebührt die Ehre, daß sie diesem Jungen, der ihren Sohn erschossen hatte, vergaben und noch vergeben. Ich dachte bei mir selbst: ,,So ungefähr muß es Maria ergangen sein, als ihr Sohn Jesus getötet wurde, damit andere lebten. Der Tod dieses Jungen hat auch die Bekehrung von vier anderen Personen herbeigeführt.“ Es ist mein Gebet, daß Gott auch weiterhin die Schmerzen lindern möchte, die diese Familie erlitten hat. Möge Er die große Leere, die durch diesen Todesfall in ihr Leben gekommen ist, mit Seiner großen Liebe ausfüllen!

NICHT NUR VERGEBEN, SONDERN UM VERGEBUNG BITTEN

Ich war als Rednerin in einen anderen Bundesstaat eingeladen. Während der Versammlung stand eine junge Frau auf und teilte folgendes Erlebnis mit:

Als sie fünf Jahre alt war, mußte ihr Vater eine Arbeitsstelle in einer anderen Stadt annehmen. Kurz vor Weihnachten sagte ihre Mutter: „Es ist doch nicht richtig Weihnachten, wenn wir nicht alle zusammen sein können.“ Also nahm sie die Kinder mit, und sie fuhren in die andere Stadt zu ihrem Vater.

Als sie aber an die Wohnung des Vaters kamen, sahen sie gerade, wie er mit einer anderen Frau fortging. Wie die junge Frau berichtete, kam er nie wieder nach Hause. Die Familie war nicht gläubig. In der nachfolgenden Zeit hatten sie es mit vielen Nöten und Schwierigkeiten zu tun. Manchmal hatten sie nicht genug zu essen oder keine richtigen Kleider anzuziehen. In solchen Zeiten verspürten sie ganz besonders den Haß und die Bitterkeit gegen ihren Vater.

Dann kam der Tag, als sie Jesus Christus als Herrn und Heiland annahm. Sie las in der Bibel, daß sie ihrem Vater vergeben müsse. Sie merkte sich die Stelle in Matthäus 5, 24, wo es heißt: „So laß dort vor dem Altar deine Gabe und geh erst hin und versöhne dich mit deinem Bruder und dann komm und opfere deine Gabe.“ Sie wußte sofort, daß sie nicht nur ihrem Vater vergeben müsse. Sie müsse auch hingehen und sich mit ihm versöhnen. Ja, sie müsse ihn sogar um Vergebung bitten, weil sie ihm gegenüber so zorn- und haßerfüllt gewesen war.

Bei Gott gibt es keine Zufälle — höchstens fällt uns etwas von Gott zu! Der Vater war gerade in die Stadt gezogen, wo die junge Frau jetzt lebte, also ging sie ihn besuchen — nicht nur um ihm zu vergeben, sondern auch um ihn zu bitten, ihr wegen ihrer Bitterkeit und Unversöhnlichkeit zu vergeben.

Als sie an der Tür klopfte und ihr Vater aufmachte, brachte Satan all die negativen Gefühle in ihr Gedächtnis zurück. Aber sie sagte zum Teufel: „Das machst du mit mir nicht! Ich *will* meinem Vater vergeben!“ Dann sagte sie zu ihrem Vater: „Vati, ich möchte, daß du erfährst, daß ich Jesus Christus als meinen Erlöser angenommen habe. Darum möchte ich dich um Vergebung bitten dafür, daß ich dich so lange gehaßt habe.“

Als sie das sagte, war er zu Tränen gerührt. Er konnte gerade noch sagen: „Ach, willst du nicht *mir* für alles vergeben, was ich dir angetan habe?“

Als ich dieses Zeugnis hörte, dachte ich an Maleachi 3, 24: „Der soll das Herz der Väter bekehren zu den Söhnen und das Herz der Söhne zu ihren Vätern..." Preis sei Dir, Herr Jesus!

DER PREIS DER UNVERSÖHNLICHKEIT

Es ist nicht leicht, jemandem zu vergeben. Und doch können wir es uns nicht leisten, jemandem *nicht* zu vergeben, denn der Preis der Unversöhnlichkeit ist viel zu hoch. Haß, Wut, Ressentiments — sie alle fordern ein Zuviel an Problemen und Schwierigkeiten. Ich kenne Menschen, die an Arthritis oder an Magengeschwüren leiden, weil sie nicht vergeben konnten. Auch wenn es keine körperlichen Symptome gibt, entsteht ein seelisches Durcheinander.

Eines Tages kam ein Arzt zusammen mit seiner Frau zu uns nach Hause, damit wir für sie beten konnten. Die Frau war durch Arthritis mehr oder weniger verkrüppelt. „Ich weiß, daß diese Krankheit dadurch entstanden ist, daß ich meinem Mann in einer bestimmten Sache nicht vergeben konnte", sagte sie. Dann fügte sie hinzu: „Und ich kann mir selbst auch nicht vergeben." Beide hatten gesündigt, und nun lag die Schuld wie eine Kette um ihren Hals.

Doch sahen wir an jenem Abend, wie Gott ein Wunder tat, denn diese Kette wurde zerbrochen. „Denn Du hast ihr drückendes Joch, die Jochstange auf ihrer Schulter und den Stecken ihres Treibers zerbrochen wie am Tage Midians" (Jesaja 9, 3). Die Hände der Frau waren verkrümmt und kraftlos. Sie konnte die Faust nicht ballen, auch nicht die Knie beugen. Sie mußte sehr vorsichtig gehen. Nachdem wir um innere Heilung gebetet hatten, und nachdem sie von aller Schuld und Unversöhnlichkeit befreit worden war, durchströmte sie die heilende Kraft Gottes. Der Herr konnte ihr die schmerzlichen Erinnerungen wegwischen und sie nach Geist, Seele und Leib anrühren.

Als ihr Mann wieder in den Raum kam, sagte ich ihm: „Ich

möchte, daß Sie ganz sorgfältig prüfen, was der Herr für Ihre Frau getan hat.“ Mit dem geschulten Auge eines Arztes ging er an die Arbeit. „Zeige mir die geballte Faust!“ befahl er ihr. Sie konnte es; also sagte er: „Soviel Kraft hat sie sonst nicht in den Händen.“ Ich bat sie, ihm genau zu zeigen, was der Herr noch für sie getan hatte. Sie setzte sich auf die Kautsch und zog die Beine an, was sie sonst seit Jahren nicht mehr hatte tun können. Für sie war schon allein das Gehen ein schmerzliches Verfahren gewesen; jetzt konnte sie frei im Raum hin und her gehen, ihre Füße hochheben und sie auch wieder ganz fest auf den Fußboden stellen. Preis sei dem Herrn!

Nach einer Versammlung in Kanada betete ich für eine Frau mit Rückenschmerzen. Sie sagte, sie könne nachts wegen der Schmerzen schlecht schlafen. Ich fragte sie, wie lange sie wohl die Schmerzen schon gehabt habe? Sie antwortete: „14 Jahre.“ „Was ist denn vor 14 Jahren geschehen?“ Sie antwortete: „Mein Kind kam zur Welt.“

Dann gab mir der Herr ein Wort der Erkenntnis darüber, daß die Frau ein Bein habe, das zu kurz sei. Als wir die Beine maßen, war tatsächlich eines davon zweieinhalb Zentimeter kürzer als das andere. Ich begann zu beten und den Herrn zu bitten, ihren Rücken zu heilen und das eine Bein länger zu machen. Tatsächlich wurde das Bein etwas länger, aber dann hörte das Wachstum auf. Der Herr gab mir dann noch ein Wort, daß die Frau mit der Unversöhnlichkeit Probleme habe. Ich fragte sie ganz direkt: „Wem können Sie nicht vergeben?“

Sie wußte sofort, was ich meinte. „Dem Arzt und der Krankenschwester, die vor 14 Jahren bei der Geburt meines Kindes geholfen haben.“ Erst als sie diese Worte aussprach, ging es ihr richtig auf, daß sie sich 14 Jahre lang der Unversöhnlichkeit schuldig gemacht hatte. Ihr Gesicht fing an zu strahlen. Sie sagte sofort: „Ich vergebe dem Arzt und auch der Krankenschwester.“ Sofort wichen alle Schmerzen von ihrem Rücken und die Beine wurden gleich lang. Sie stand auf und beugte sich nach hinten über. Da es schmerzfrei ging, teilte sie uns allen fröhlich mit: „Vierzehn Jahre konnte ich nachts nicht richtig schlafen.

Aber jetzt habe ich gar keine Schmerzen mehr. Preis und Dank sei Dir allein, Herr Jesus! Heute nacht werde ich endlich einmal richtig tief schlafen!"

In seinem Buch: „Vermeidbare Krankheiten" schreibt Dr. S. I. McMillen:

Wenn wir unsere negativen Gefühle anderen gegenüber zum Ausdruck bringen, werden Hormone aus der Hypophyse, aus der Nebennieren- oder Schilddrüse, freigesetzt. Diese Hormone können dann in irgendeinem Körperteil eine Krankheit auslösen. ... Wenn wir einen Menschen hassen, werden wir zu dessen Sklaven. In unserem eigenen Schlafzimmer können wir nicht mehr ruhen; in unserem eigenen Eßzimmer können wir nicht mehr essen.

Wer bitter und voller Ressentiments wird, konzentriert sich nämlich auf den, der ihm wehgetan hat und nicht mehr auf Jesus. Wenn wir unversöhnlich bleiben, werden wir schnell müde und können schlecht schlafen. Vielleicht versuchen wir, die Auswirkungen unserer Unversöhnlichkeit zu verbergen, sie zeichnen sich jedoch auf unserem Gesicht ab.

Waren Sie jemals Mitarbeiter in einem Büro und meinten, der Chef würde Ihnen auf die Nerven fallen? Bekamen Sie anschließend Halsschmerzen oder Kopfweh?

Haben Sie sich jemals beim Abendbrot über die Kinder aufgeregt, weil sie sich gestritten haben? Und Sie hatten hinterher Verdauungsschwierigkeiten?

Ärzte geben meist sofort zu, daß viele Krankheiten durch negative Gefühle zustande kommen. Einem Patienten, der mit einem Magengeschwür in die Praxis kommt, sagt der Arzt wahrscheinlich: „Was haben Sie denn für Sorgen?" Es kann durchaus vorkommen, daß wir erst körperlich geheilt werden können, nachdem unsere Seele heil geworden ist.

Ressentiments und Bitterkeit wirken wie Säure. Eine Säure frißt ihren Behälter, dann ergießt sie sich in den Schrank oder auf den Fußboden. Wenn wir Unversöhnlichkeit in unserem

Herzen aufbewahren, frißt sie uns auf, bis sie später auch andere Menschen um uns herum zerstören kann. Unversöhnlichkeit wird Ihre Gefühle verzehren!

Wir kennen alle die Frucht des Geistes. Wußten Sie, daß es Frucht der Unversöhnlichkeit gibt? Sie heißt: Schuldgefühle, Selbstvorwürfe, Verlegenheit, Minderwertigkeitskomplexe, Selbsthaß, Selbstmord. Diese Eigenschaften treten meistens auf, wenn jemand sich selber nicht vergeben kann. Unversöhnlichkeit anderen gegenüber führt auch noch zu Haß, Bitterkeit, Ressentiments, Verdacht, Rachsucht, Eifersucht, und in einigen Fällen sogar zum Mord.

Wer letzten Endes Gott für seine Sorgen verantwortlich macht, leidet auch noch unter Zweifel, Unglauben, Rebellion.

BEDINGUNGSLOS VERGEBEN

Sehr oft sagen wir: „Nun, vergeben kann ich, aber vergessen tue ich bestimmt nicht.“ Was wir aber in Wirklichkeit damit sagen, ist: „Ich kann eigentlich nicht vergeben.“ Wir müssen nämlich ohne Vorbedingungen vergeben. Es darf nicht heißen: „Ich will ihm vergeben, wenn er aufhört zu trinken.“ Oder: „Ich will ihr vergeben, wenn sie sich zuerst entschuldigt.“ Wir müssen sagen: „Ich habe kein Recht auf Selbstmitleid. Ich habe kein Recht darauf, über andere zu richten. Gott, sei Du der Richter.“

Unsere Unversöhnlichkeit kann den Plan Gottes im Leben eines anderen aufhalten. Bill Gothard sagte einmal: „Vergebung bedeutet, daß ein Mensch mit einem anderen alles in Ordnung bringt und die Verantwortung für jede noch ausstehende Strafe Gott selber überträgt.“

Vielleicht sind Sie ganz und gar unschuldig. Aber trotzdem wissen Sie, daß Sie zu jemandem eine kaputte Beziehung haben. Sie können jedoch zu diesem Menschen hingehen und sagen: „Es tut mir leid, wenn ich dich irgendwie beleidigt habe.“ Vielleicht bieten Sie sich an, für diesen anderen zu beten; er lehnt es aber ab. Dann haben Sie aber Ihr Teil getan. Sie sind dann frei.

Dann ist nur der andere noch im Gefängnis der Unversöhnlichkeit. Aber es ist doch Ihre Pflicht, die andere Wange darzubieten und mit der Liebe Christi zu lieben. Verbringen Sie nicht Ihre Zeit damit, sich über die Vergangenheit Sorgen zu machen oder sich den Kopf darüber zu zerbrechen, wie Sie sich rächen können.

Wenn Sie zum Beispiel nicht mit einem gewissen Menschen sprechen, kann das den Versuch darstellen, diesen Menschen zu bestrafen. Ein Mensch, der nicht mit einem anderen spricht, schreit doch in seinem Herzen: „Ich will nicht vergeben. Ich will nicht um Vergebung bitten. Ich will mich nicht versöhnen."

David Augsburger schrieb einmal: „Wenn dein Vertrauen zerbrochen wird, oder eine Beziehung kaputt geht, möchtest du dir selbst durch Groll aus der Situation heraushelfen. Du versuchst, dich bis zum Letzten zu verteidigen und die Schuld da zu suchen, wo sie deiner Meinung nach eigentlich steckt! Aber die wahre Vergebung leugnet sich selbst und fordert keine »Rechte« ... Sie lehnt es ab, sich der kleinen höflichen Sätze zu bedienen, die man benutzen kann, um sich doch noch an anderen zu rächen. Die Vergebung läßt uns lieber selber leiden; aber das ist für einen Menschen vielleicht die schwerste Wahl, die er jemals treffen kann — unschuldig zu leiden."

In 2. Korinther 2, 11 sagt die Bibel: „(Wir) vergeben, damit wir nicht vom Satan übervorteilt werden; denn wir wissen genau, was er im Sinn hat." Der Teufel wird stets versuchen, einen Keil zwischen Ehemänner und ihre Frauen, zwischen Eltern und ihre Kinder, zwischen Diakone und ihren Pastor, zwischen Freunde, sogar zwischen Angehörige verschiedener Rassen zu treiben.

Manchmal haben wir in Gemeinden gesprochen, wo eine Spaltung vor sich gegangen war. Wir fragten dann nach der Ursache. Teilweise war es nicht möglich, die eigentliche Ursache zu nennen. Aber wie schrecklich, daß Familienkonflikte manchmal bis ins dritte oder vierte Glied fortgesetzt werden, ohne daß noch irgend jemand weiß, wer damit angefangen hat! (Vgl. 2. Mose 20, 5).

Es ist an der Zeit, einander zu vergeben! Es ist an der Zeit, uns zu entschuldigen! Es ist an der Zeit, um Vergebung zu bitten! Es ist an der Zeit, uns zu versöhnen! Wie oft sollten wir einander vergeben? Gottes Wort sagt eindeutig: „Siebzigmal siebenmal" (Matthäus 18, 21—22). Das sind 490mal. Und uns fällt es oft schwer, überhaupt nur ein einziges Mal zu vergeben!

Wenn Ihnen Ihr Ehemann oder sonst jemand weh tut, überkommt Sie ein „heiliger Zorn". Sie denken: „Warum sollte ich ihm vergeben? Schließlich hat er es verdient, daß ich ihn bestrafe — durch mein Schweigen, durch meine Wut, durch meine Ressentiments." Aber wir haben die Pflicht, zu vergeben, ob der andere im Unrecht ist oder nicht! Das ist Gottes Gesetz, und wir können Sein Gesetz nicht ohne Konsequenzen übertreten.

Die Konsequenzen der Unversöhnlichkeit sind mangelnde Gesundheit, negative Gefühle, kaputte Beziehungen, unterbrochene Gemeinschaft mit Gott und eine offene Tür für den Satan. Wenn wir unversöhnlich bleiben, schaden wir uns selbst am meisten. Es lohnt sich einfach nicht, unversöhnlich zu sein!

Eines Tages hörte ich, wie jemand sagte: „Die Unversöhnlichkeit ist so, als hätte man einen Leichnam an sich gekettet, den man dann mit sich herumschleppen muß."

Eines Abends sahen wir, wie ein junger Mann diese Ketten der Unversöhnlichkeit durchbrach. Er war schon mehrmals im Gefängnis gewesen. Kurz bevor er das lezte Mal entlassen wurde, wurde ihm das Buch „Innere Heilung" geschenkt. Er las es und nahm daraufhin Jesus als seinen persönlichen Erretter an. Als er dann das Gefängnis verließ, rief seine Frau bei mir an, ob er zum Gebet und in die Seelsorge kommen dürfe.

Er war ein riesiger Kerl, sah sehr rauh aus und war an den Armen überall tätowiert. Er kam in Begleitung seiner Frau und ihres 18 Monate alten Babys.

Er teilte mir mit, seine Mutter habe einmal, als sie betrunken war, einen Wutanfall bekommen und ihn die Treppe hinuntergestoßen. Als Folge erlitt er eine Gehirnerschütterung. Damals sei er erst fünf Jahre alt gewesen. Er fuhr fort: „Ich wußte nicht, wie es sein könnte, in einem normalen Zuhause zu leben.

Ich kannte meinen Vater nicht. Meine Mutter war ständig betrunken. Schon früh mußte ich für mich selber sorgen. Als ich älter wurde, hatte ich auf die ganze Welt eine Wut. Ich war ein ziemlich großer Kerl und konnte mich deswegen auch durchs Leben kämpfen. Ich habe auch immer wieder versucht, andere zum Kampf herauszufordern. Wenn mich jemand ärgerte, schlug ich ihn einfach nieder."

Dann fuhr er fort: „Jetzt habe ich zu Jesus gefunden. Doch in den sechs Wochen, seit ich aus dem Gefängnis entlassen bin, habe ich schon einmal meine Frau geprügelt. Ich habe Angst vor mir selber. Ich könnte ihr oder unserer Tochter noch etwas Schlimmeres antun. Ich habe immer noch diese Wut in mir. Ich habe keine Kontrolle mehr über meine Gefühle."

Wir beteten mit diesem Mann um innere Heilung. Wir beanspruchten die Autorität Jesu über die Riesen der Wut, des Zornes, des Hasses, der Bitterkeit, der Gewalttätigkeit und des Sadismus. Als wir zum Geist der Unversöhnlichkeit kamen, sagte er: „Geist der Unversöhnlichkeit, weiche im Namen Jesu!" Dann wandte er sich mit tränenerfüllten Augen an uns und sagte: „Seit 14 Jahren habe ich meine Mutter nicht mehr gesehen, aber ich will ihr jetzt schreiben und sagen, daß ich ihr vergeben habe." Ach, ist nicht die heilende Kraft unseres Herrn großartig?

Dann beteten wir miteinander um die Heilung der Erinnerungen. Wir baten Jesus, einfach alles auszulöschen, was unangenehm und belastend gewesen war. Wir beteten darum, daß der Herr diesen Mann mit Seiner Gegenwart, Seiner Liebe, Seiner Freude und Seinem Frieden erfüllen möchte.

Als sie sich etwas später aufmachten, um nach Hause zu fahren, hob der Vater mit neuer Zärtlichkeit seine kleine Tochter auf. Er drückte sie fest an sich. Dann umarmte er auch seine Frau mit einer ganz neuen Liebe. Wir beten, daß er auch weiterhin mit dem Herrn wandeln und ein guter Vater und Ehemann sein kann.

In Hesekiel 36, 26 lesen wir: „Und Ich will euch ein neues Herz und einen neuen Geist in euch geben und will das steinerne

Herz aus eurem Fleisch wegnehmen und euch ein fleischernes Herz geben."

Ein anderes Ehepaar kam eines Abends zu uns, um für sich beten zu lassen. Sie waren so böse aufeinander, daß sie kaum dazu zu bewegen waren, sich zusammen hinzusetzen. Schon bevor wir anfingen, sie zu beraten, betete mein Mann, Ed, daß die heilende Kraft Gottes in diese Situation hinein freigesetzt werden möchte. Drei Tage später wollte das Paar sich scheiden lassen. Zwar waren sie beide gläubig und glaubten gar nicht an die Ehescheidung, aber der Satan hatte sich in so fürchterlicher Weise in ihre Ehe eingeschlichen, daß er sie beide betrogen hatte. Beide waren sie von der Unversöhnlichkeit gekennzeichnet.

Der Mann war reisender Geschäftsmann. Er war fast die ganze Zeit von zu Hause fort. Alle Verantwortung für die Kinder und für ihr Haus lag auf den Schultern der jungen Frau. Der Mann beging den großen Fehler, daß er seiner Frau nicht zeigte, wie sehr er sie liebte, auch nicht, wenn er zu Hause war. Darum lebten sie sich immer mehr auseinander. Die Flamme der Liebe wurde kleiner und erlosch dann endgültig. Sie verliebte sich in einen anderen, in einen Mann, der zeigte, daß er sich um sie sorgen würde, der ihren Nöten gegenüber empfindsam war und der sich nicht davor fürchtete, seine Gefühle zum Ausdruck zu bringen.

Sie rebellierte gegen alles, was man ihr jemals über den Ehebruch beigebracht hatte. Sie rebellierte gegen ihre eigenen hohen moralischen Maßstäbe und gab der Versuchung nach, mit einer Affäre zu beginnen. Zwar wußte sie die ganze Zeit, daß sie im Unrecht war; sie fühlte sich schuldig und mußte sich schämen; doch hatte sie einen solchen Hunger nach Liebe, daß sie diesem anderen Mann einfach nicht mehr „nein" sagen konnte.

Als sie die Ehescheidung beantragte, sah ihr Mann ein, daß er ihr gegenüber versagt hatte. Er fing verzweifelt an, im Gebet und in der Seelsorge Rat zu suchen.

Ich fragte den Mann: „Lieben Sie Ihre Frau noch?"

„Ach, ja", antwortete er. „Ich liebe sie sehr, und ich bin

mir sehr bewußt, daß ich versagt habe. Ich möchte die Gelegenheit bekommen, alles wieder gut zu machen."

Dann wandte ich mich der Frau zu und stellte die gleiche Frage: „Lieben Sie Ihren Mann noch?"

Sehr direkt und ehrlich antwortete sie: „Nein. Ich liebe den anderen Mann."

„Aber liebten Sie nicht Ihren Mann, als Sie ihn heirateten?"

„Doch", gab sie zur Antwort.

„Möchten Sie ihn denn nicht noch einmal lieben können?"

Sie überlegte einen Augenblick und wog die Frage ab. Dann sagte sie: „Ich weiß, wie sehr ich unseren Kindern durch die Scheidung schaden werde. Ich weiß auch, daß wir Christen sind und daß eine Scheidung nicht im Willen Gottes sein kann. Es müßte irgendwie möglich sein, die Sache wieder in Ordnung zu bringen, wenn wir es wirklich wollen." Sie hielt einen Augenblick inne und erforschte ihr eigenes Herz. „Ja", sagte sie dann, „ich denke, es wäre doch gut, wenn ich ihn wieder lieben könnte."

Aber aus ihrer Stimme heraus konnte man deutlich verspüren, daß sie in ihrem Herzen noch Bitterkeit und Unversöhnlichkeit hegte. Still betete ich zu Gott und sagte: „Lieber Gott, tu Du doch jetzt ein Wunder."

Ed betete für den Ehemann. Ich ging mit der Frau in einen anderen Raum und betete für sie. Beide baten wir den Herrn, diese jungen Eheleute von allen negativen Emotionen frei zu machen und die schmerzlichen Erinnerungen zu heilen, die sie beide hatten. Wir nahmen die Autorität Jesu in Anspruch gegen alle Riesen, die der Satan gegen sie geschickt hatte. Im Namen Jesu geboten wir der Unversöhnlichkeit, der Bitterkeit, dem Haß und den Ressentiments zu fliehen.

Wir beteten, daß der Herr die Vergangenheit und alle Erinnerungen darüber wegwischen möchte. Dann beteten wir für sie als Ehepaar, daß der Herr ihre Ehe stärken und segnen möchte. Inzwischen ist dieses Ehepaar aus unserer Stadt fortgezogen, doch schrieb uns einmal der Mann: „Unsere Ehe war nie besser als heute. Wir haben uns gegenseitig vergeben. Wir sind in unserer lokalen Gemeinde tätig... Wir preisen den Herrn dafür, daß Er an jenem Abend ein Wunder in unserem Leben vollbrachte."

Ich möchte keineswegs den Eindruck vermitteln, daß alle unsere Seelsorge und Gebete so erfolgreich verlaufen wie diese. Es geschieht nicht jedesmal ein Wunder. Gott will zwar Seinen Teil dazu tun, aber wir müssen ebenfalls bereit sein, das Unsere dazu zu tun. Dieses Ehepaar war bereit, ihre Ehe zu flicken. Gott sah das, und die Ehe wurde heil. Das konnte deswegen geschehen, weil das Paar bereit war, sich gegenseitig zu vergeben und auch Vergebung entgegenzunehmen.

UNSEREN KINDERN SOLLTEN WIR BEIBRINGEN, WIE MAN VERGIBT

Wir sollten unbedingt unseren Kindern beibringen, wie wichtig die Vergebung ist. Ein Kind lernt zu vergeben, indem es beobachtet, wie seine Eltern vergeben und einander um Vergebung bitten. Wenn wir als Eltern im Unrecht sind, sollten wir sogar zu unserem Kind sagen: „Sohn, ich war im Unrecht. Willst du mir bitte vergeben?"

Wenn unsere Kinder noch ganz jung sind — sagen wir, zwei oder drei Jahre alt —, ist das gar nicht zu früh, um eine Grundlage für ein Leben der Vergebung zu schaffen. Wenn zum Beispiel das Kind eines Nachbarn ein Spielzeug kaputt macht, sagen Sie zu Ihrem Sohn oder zu Ihrer Tochter: „Ich weiß, daß es dein Lieblingsspielzeug war, aber dein Freund hat es bestimmt nicht absichtlich zerbrochen. Wir wollen ihm doch vergeben, oder?"

Wenn ein ganz junges Kind es lernt, rechtzeitig „Ich vergebe dir" zu sagen, hat es im späteren Leben nicht so viele Schwierigkeiten mit dem Vergeben, wenn es eine tiefe Wunde empfängt. Viele Ehen gehen in die Brüche, weil die Partner es nicht gelernt haben zu sagen: „Ich vergebe dir", oder: „Es tut mir leid."

Die Frau von Billy Graham soll einmal gesagt haben: „Das Geheimnis einer guten Ehe liegt darin, daß zwei Menschen sich gegenseitig vergeben können."

Nach einer Ehescheidung wird ein Kind von Einsamkeit, mangelnder Liebe und seelischem Schmerz geplagt. Schlimm genug. Aber alles wird noch viel schlimmer, wenn das Gift der Unversöhnlichkeit dazu kommt. Auch wenn es Ihnen schwer vorkommt, bringen Sie Ihrem Kind bei, dem Elternteil zu vergeben, der die Ehescheidung verursacht hat. Wenn Sie es erlauben, daß der Haß im Herzen des Kindes feste Wurzeln faßt, können Sie das Kind zu einem emotionalen Krüppel machen.

Eltern! Wenn Ihr Kind eine Regel Ihrer Hausordnung bricht oder wenn es buchstäblich etwas Wertvolles zerbricht, vergeben Sie ihm. Halten Sie ihm sein Vergehen nicht immer wieder vor. Zum Vergeben gehört das Vergessen dazu!

In seinem Buch: „Die christliche Familie" schreibt Larry Christenson:

Nachdem ein Kind Prügel bezogen hat, sollte sich der Vater mit ihm zusammen niederknien und das Kind Gott um Vergebung bitten lassen für die spezifische Sünde, die es begangen hat: „Lieber Gott, bitte vergib mir, daß ich so frech zu Mutti war." Dann könnte der Vater auch beten und Gott für die Vergebung danken, die Er uns durch das Blut Christi zusichert. Wenn wir die Priesterrolle des Vaters in der Familie ernstnehmen, kann er ruhig dabei die Hand auf das Haupt des Kindes legen und ihm die Vergebung Gottes in Christo zusprechen. Und dann sollte der Vater seine eigene Vergebung zum Ausdruck bringen — am besten dadurch, daß er das Kind umarmt und küßt. Das ist das Ziel aller Zurechtweisung: Vergebung und Versöhnung.

Oft sind Kinder anderen gegenüber bitter — einem Fußballtrainer, einem Lehrer, einem Nachbarn, vielleicht gegenüber einer ganzen Rasse oder Konfession. Kinder wissen noch gar nicht, warum sie so fühlen.

Eigentlich machen sie es oft nur ihren Eltern nach, von

denen sie diese negativen Gefühle, Ressentiments und Vorurteile gelernt haben.

Wenn ein Kind ungerecht oder unweise bestraft wird oder auch sonst unfair behandelt wird, sollten wir als Eltern mitleidsvoll zuhören, wenn es uns davon erzählt. Wir sollten dem Kind dann sagen, wie leid es uns tut und wie sehr es uns auch weh tut. Aber nachdem das Kind seinen Schmerz zum Ausdruck gebracht hat, sagt der weise Vater oder die weise Mutter: „Laß uns nun diesem Menschen vergeben, der dir weh getan hat." Beten auch Sie, daß Gott die Gefühle Ihres Kindes heilt.

DREI BEREICHE DER VERGEBUNG

Denken Sie daran: Bevor eine innere Heilung stattfinden kann, müssen drei Arten der Vergebung im Leben des betreffenden Menschen da sein:

1. Wir müssen glauben, daß Gott uns unsere Sünden vergibt.
2. Wir müssen allen anderen Menschen vergeben haben.
3. Wir müssen uns selbst vergeben.

GOTTES VERGEBUNG ANNEHMEN

1. Johannes 1, 9: „Wenn wir aber unsre Sünden bekennen, ist Er treu und gerecht und vergibt uns die Sünden und macht uns rein von aller Ungerechtigkeit."

2. Korinther 5, 20—21: „So sind wir nun Botschafter an Christi Statt, denn Gott ermahnt durch uns; so bitten wir an Christi Statt: Laßt euch versöhnen mit Gott! Denn Er hat den, der ohne Sünde war, für uns zur Sünde gemacht, damit wir in Ihm die Gerechtigkeit werden, die vor Gott gilt."

Haben Sie schon einmal um Vergebung Ihrer Sünden gebeten? Haben Sie schon einmal Gott Ihre Sünden bekannt? Die Vergebung ist die Grundlage aller Heilung. Wenn Sie keine

Heilsgewißheit haben; wenn Sie zweifeln oder nicht sicher sind, daß Ihnen alle Sünden vergeben worden sind und daß Jesus Ihr persönlicher Erlöser geworden ist, dann sollten Sie folgende Dinge tun:

1. Bekennen Sie Ihre Sünden und bitten Sie Jesus um Vergebung.
2. Vergeben Sie allen Menschen, die gegen Sie gesündigt haben.
3. Laden Sie Jesus Christus ein, Ihr persönlicher Erlöser zu werden.
4. Wenden Sie sich von der Sünde ab und bitten Sie den Herrn Jesus, die Kontrolle über Ihr Leben zu übernehmen.

Sprechen Sie noch folgendes Gebet. Vielleicht haben Sie schon etwas Ähnliches gebetet; doch wiederholen Sie es jetzt. Gott möchte nicht, daß Sie an Seiner Erlösung zweifeln. Er möchte nicht, daß Sie darüber unsicher sind, daß Er Ihnen vergeben hat. Wenn Sie von ganzem Herzen Ihre Sünden bereuen, ist Gott gerecht und vergibt Ihnen!

GEBET UM ERLÖSUNG

Herr Jesus, ich bin ein Sünder und habe gesündigt. Ich bekenne Dir meine Sünden. Ich bitte um Vergebung aller meiner Sünden — der Sünden, an die ich mich erinnern kann, und der Sünden, die ich vergessen habe. Ich vergebe allen Menschen, die mir etwas zuleide getan haben.

Herr Jesus, komme Du bitte jetzt in mein Herz als mein Erlöser. Ich gebe Dir mein ganzes Leben hin. Ich mache Dich zum Herrn meines Lebens. Ich übergebe mich Dir ganz und gar. Ich danke Dir, daß Du jetzt als persönlicher Erlöser in mein Leben gekommen bist. Ich habe Dich lieb, Herr, und möchte Dir in Ewigkeit dienen. Amen.

Tragen Sie das Datum dieser Lebensübergabe in Ihre Bibel ein. Dann können Sie es dem Teufel vorhalten, wenn er versucht, Ihnen Zweifel einzuflößen. „Satan, du bist ein Lügner und Betrüger. An diesem Tag, den ich in meine Bibel eingetragen habe, bat ich um Vergebung für alle meine Sünden. Ich bat den Herrn Jesus, in mein Herz zu kommen. Er ist nun mein Erlöser und Herr!"

Weil wir Menschen sind, werden wir immer wieder sündigen. Wir sollten nie versuchen, unsere Sünden und unsere schlechten Gedanken vor dem Herrn zu verbergen. Was David zu einem Mann „nach Gottes Herzen" machte, war die Tatsache, daß er Gott um Vergebung bat. Er hatte eine schreckliche Sünde begangen, aber er wurde danach zutiefst überführt. Er hatte einen zerbrochenen Geist. Er bereute von ganzem Herzen und kam in wahrer Buße vor den Herrn (vgl. Psalm 51).

Wir müssen dies auch tun. Gott hat kein Interesse daran, unser oberflächliches: „Es tut mir leid" zu hören. Aber Er ist froh, wenn wir von ganzem Herzen Buße tun und Ihn um Vergebung bitten.

Gott vergab David und uns wird Er ebenfalls vergeben. David mußte zwar mit den Folgen seiner Sünde leben; vielleicht müssen wir die Folgen unserer Ungerechtigkeit auch mittragen. Doch haben wir die Vergebung; Gott gedenkt nicht mehr unserer Sünden!

ANDEREN VERGEBEN

Matthäus 5, 24: „So laß dort vor dem Altar deine Gabe und geh hin und versöhne dich mit deinem Bruder..."

Matthäus 6, 14—15: „Denn wenn ihr den Menschen ihre Verfehlungen vergebt, so wird euch euer himmlischer Vater auch vergeben. Wenn ihr aber den Menschen nicht vergebt, so wird euch euer Vater eure Verfehlungen auch nicht vergeben."

Kolosser 3, 13: „Ertragt euch und vergebt einander, wenn einer gegen den andern eine Klage hat; wie der Herr euch vergeben hat, so vergebt auch ihr!"

In ihrem Buch: „Der nächste Schritt“ schrieb Catherine Marshall ein ganzes Kapitel über die Vergebung. Sie schreibt, daß jeder eine Liste machen sollte mit all den Namen von Menschen, gegen die er etwas hat (Ehemann, Freunde, Kinder, usw.). Dann sollte er ein Lossagegebet sprechen und diese Menschen vor den Herrn bringen. Er sollte ihnen von ganzem Herzen vergeben, auch wenn ihr Vergehen noch so klein war.

Es ist ganz besonders wichtig, daß wir den Menschen in unserer eigenen Familie vergeben. Gerade den Menschen, die uns am nächsten stehen, sollten wir die wichtigen Worte: „Ich vergebe dir“ oder: „Es tut mir aufrichtig leid“ sagen. Und es gibt in jeder Familie Zeiten, in denen diese Worte sehr schnell gesagt werden sollten!

Ich möchte ein Wort der Vorsicht hinzufügen. Bitten Sie nie jemand um Vergebung, der nichts von Ihren Gefühlen wußte. Ein Bekenntnis über Haß oder Ressentiments könnte dort negative Gefühle auslösen, wo vorher keine waren.

Wenn jemand um Ihre Gefühle nichts weiß, sollten Sie allein dem Herrn die Sache bekennen. Aber wenn der andere um die kaputte Beziehung weiß, sollten Sie miteinander reden und sich versöhnen.

Wenn Sie über jemand geklatscht oder hinter seinem Rücken Böses gesprochen haben, sollten Sie zu dem Betreffenden gehen und Ihre Schuld bekennen. Versuchen Sie, alles in Ordnung zu bringen — auch bei den Menschen, mit denen Sie geredet haben. Es gibt sogar Menschen, die einer ganzen Kirche oder Konfession vergeben müssen. Eine liebe Katholikin, die zu uns kam, war so sehr gegen eine Nonne erbittert, die sie unterrichtet und ihr und ihrem Priester einmal Unrecht getan hatte, daß sie der ganzen katholischen Kirche deswegen vergeben mußte. Nachdem wir unser Gebet abgeschlossen hatten, sagte sie: „Jetzt muß ich auch noch dem Papst vergeben, weil er so strenge Lehrentscheidungen traf.“ Und dann tat sie es auch! Sie bat Gott darum, ihr wegen ihrer negativen Einstellung zu vergeben.

Gerade diese Begebenheit teile ich nicht mit, um eine bestimmte Kirche schlecht zu machen; diese Frau war eher eine Ausnahme. Einige unserer besten Freunde sind katholische Nonnen und Priester. Wir haben in vielen katholischen Gruppen gedient und haben die Liebe zu Jesus gesehen, die sie dort haben. Diese Liebe strahlt uns aus ihren Augen entgegen. Vielleicht haben auch Sie etwas gegen Ihren Pastor oder Vikar, gegen Ihren Sonntagsschullehrer oder sogar gegen Ihre ganze Konfession. Vergeben Sie ihnen doch jetzt und beten Sie für diese Menschen.

Eine Deutsche, die während des Krieges in einem neutralen Land aufwuchs, wurde als Kind verfolgt und aus der Gesellschaft ausgestoßen. Sie hatte, als Folge davon, eine sehr tiefe Neigung zur Unversöhnlichkeit. Sie konnte das Gefühl nicht überwinden, nicht angenommen und nicht geliebt zu sein. Sie mußte dem ganzen Volk und dem ganzen Land vergeben, wo sie aufgewachsen war. Nachdem sie das getan hatte und wir um innere Heilung beteten, konnte sie — so kam es mir wenigstens vor — gerade stehen, als wäre buchstäblich eine Last von ihren Schultern genommen worden. Ich meinte, sie würde jetzt ihren Kopf höher halten!

Bitten Sie doch den Herrn, daß Er Ihnen offenbare, ob Sie jemandem vergeben sollten. Schreiben Sie alle Vergehungen auf, die Sie vergeben sollten.

„Und wenn ihr steht und betet, so vergebt, wenn ihr etwas gegen jemand habt, damit auch euer Vater im Himmel euch eure Übertretungen vergibt."

Vielleicht kann Ihnen diese Liste behilflich sein:

Ehemann oder Ehefrau,
Kinder,
Eltern oder Stiefeltern,
Schwiegereltern,
Großeltern,
Tanten, Onkel, Cousins,
Ex-Partner,
der „andere Mann", die „andere Frau",

ein Gegenstand,
Polizisten,
Lehrer,
Rektor,
Gemeinde oder Pfarrer,
Arbeitgeber oder Arbeitnehmer,
ein ganzes Volk,
Land oder Regierung,
Freunde,
Nachbarn,
Ärzte oder Krankenpfleger,
ein Tier.

Auch wenn wir nicht gern darüber nachdenken, ist es doch möglich, daß wir auch Gott gegenüber Unversöhnlichkeit in unserem Herzen pflegen. Haben Sie jemals Gott die Schuld für irgendeine Sache gegeben? Müssen Sie vielleicht sagen: ,,Gott, ich vergebe Dir''? Dann bitten Sie Gott um Vergebung für Ihre Bitterkeit Ihm gegenüber.

Nachdem Sie eine Liste fertig gemacht haben, beten Sie die Liste durch und vergeben Sie jedem einzelnen. Praktizieren Sie täglich die Vergebung und die Reinigung. Vergeben Sie jedem, der Ihnen weh tut — sofort, stets und ständig. Vergeben Sie ihnen nicht nur; treten Sie im Gebet für solche Menschen ein!

GEBET, WENN WIR ANDEREN VERGEBEN

Herr, ich bringe Dir jetzt folgende Menschen: ... (nennen Sie sie einzeln). Ich bekenne meine eigene Unversöhnlichkeit, aber ich möchte vergeben. Satan, ich gebiete dir, von mir zu weichen — im Namen Jesu! Ihr Geister der Unversöhnlichkeit und der Bitterkeit, der Wut und des Hasses, der Rachsucht und der Aggression — ich binde euch jetzt im mächtigen Namen Jesu!

Ich vergebe jedem Menschen, der mir weh getan hat, auch wenn diese nicht mehr leben. Ich bitte Dich, Herr, diese Erinne-

rungen aus meinem Herzen zu löschen. Reinige Du die Wunde, mache mich frei, zerbrich die Ketten, erfülle mich mit Deiner Vergebung. Herr Jesus, ich möchte für die beten, die mir Leid und Schmerzen zugefügt haben. Herr, hilf mir, daß ich das wirklich ernst meine. Erfülle Du mich mit Deiner Liebe und mit dem Geist der Vergebung. Ich bete im Namen Jesu. Amen.

Wenn Sie jemandem vergeben haben, tun Sie etwas Konstruktives, um es zu bestätigen: Schreiben Sie einen Brief, besuchen Sie den betreffenden Menschen oder rufen Sie bei ihm an; kaufen Sie ihm ein kleines Geschenk; schreiben Sie wenigstens eine Postkarte. Wenn Jesus sogar am Kreuz noch sagen konnte: „Vater, vergib ihnen", dann sollten wir diesen Schritt der Vergebung auch vollbringen können und eine Brücke der Vergebung schlagen.

In seinem Buch: „Die Freiheit der Vergebung" schreibt David Augsburger:

„Die Vergebung gibt da Liebe, wo der Feind mit Haß rechnet. Sie schenkt Freiheit, wo unser Feind Strafe verdient hätte. Sie schenkt Verständnis, wo unser Feind Rache erwartete."

SICH SELBER VERGEBEN

Römer 8, 1: „So gibt es nun kein Verdammungsurteil für die, die in Christus Jesus sind."

Johannes 8, 11: „Dann verdamme Ich dich auch nicht; geh hin und sündige nicht mehr."

Es ist äußerst wichtig, daß wir Gottes Vergebung annehmen und daraufhin uns selbst vergeben. Wir können nicht ganz heil werden, bis wir unser eigenes Versagen bejahen.

Es kann Ihnen helfen, sich selbst zu vergeben, wenn Sie zu einem Pfarrer oder zu einem Priester in die Seelsorge gehen und dort Ihre Sünde bekennen. Er wird Ihnen dann die Vergebung Gottes zusprechen.

Aber es ist andrerseits nicht ratsam, Ihre Schuldgefühle mit anderen Menschen zu teilen. Man sollte persönliches Versagen nur reifen Christen bekennen. Es tut nämlich sehr weh, wenn nach einem Gespräch eine Sünde, die man begangen hatte, von einem unreifen Christen in der ganzen Gemeinde bekannt gemacht wird.

Wenn wir uns selbst nicht vergeben können, begehen wir eigentlich die Sünde der Rebellion. Wir sagen damit Gott: „Ich glaube Deinem Wort nicht, wenn es dort heißt, daß Du uns die Sünden vergibst." Wir behaupten dann praktisch: „Ich will mich selbst richten. Ich will Dein Urteil, nämlich „unschuldig", nicht annehmen. Ich habe mich ja selbst schon gerichtet und habe mich für schuldig und jenseits aller Vergebung befunden."

Meinen Sie nicht, daß wir sündigen, wenn wir uns selbst nicht vergeben? Dieses Nicht-Vergeben-Können trennt uns doch von Gott. Schließlich sagt Gottes Wort, daß wir vergeben *müssen* — auch uns selbst!

Wenn es Ihnen schwer fällt, sich selbst zu vergeben, dann erinnern Sie sich ständig daran, daß Sie im Einklang mit Gottes Wort die Vergebung empfangen haben. Wenn Gott Ihnen vergeben hat, dann brauchen Sie sich selber keine Vorwürfe mehr zu machen!

Gott liebt Sie. Er hat Ihnen alles vergeben. Er möchte, daß Sie sich selbst vergeben. Richten Sie sich selbst nicht. Gott ist allein unser Richter. Wenn Sie einmal Ihre Sünden bekannt haben, dürfen Sie ein reines Gewissen haben. *Sie haben die Vergebung*. Wenn Sie Ihre Sünden, die Sie schon bekannt haben, noch einmal vor Gott bringen, weiß Gott nicht, worum es geht, denn Er gedenkt ihrer nicht mehr! Also: *Sie können sich selbst doch vergeben!*

GEBET, WENN WIR UNS SELBST VERGEBEN

Danke, Herr, für die Zusage aus Deinem Wort, daß Du meiner Sünden nicht mehr gedenkst, weil ich sie bekannt habe. Du hast meine Sünden in das tiefste Meer versenkt. Herr Jesus, hilf mir bitte, mir selbst zu vergeben. Hilf mir dabei, mir selbst den Unfall zu verzeihen, den ich verursachte. Hilf mir dabei, mir das eigene Versagen zu vergeben. Hilf mir, den Klatsch aufzuhalten, den ich selber in die Welt gesetzt habe. Ich habe so viel getan, was ich nicht hätte tun sollen, und so viele Dinge unterlassen, die ich hätte tun müssen. Hilf Du mir, mir selbst zu vergeben. Auch dort, wo ich falsche Entscheidungen getroffen habe, ob in meiner Ehe oder an der Arbeitsstelle, möchte ich mir selber vergeben. Herr Jesus, hilf mir, daß ich nicht über mich selbst richte, sondern daß ich Deine Vergebung für mich persönlich in Anspruch nehme, so daß ich mir selber verzeihen kann. Ich bete in Deinem Namen. Amen.

In seinem Buch „*Freiheit durch Vergebung*" schreibt David Augsburger einige schöne Sätze über die Vergebung, die ich hier — mit seiner Erlaubnis — wiedergeben möchte:

Wer seinen Feind verletzt, ist niedriger als sein Feind. Wer sich für eine Verletzung rächt, ist auf einer Ebene mit ihm. Wer diesem Feind vergibt, steht über ihm.

Das Vergessen ist das Ergebnis vollkommener Vergebung. Es ist nie das Mittel dazu. Das Vergessen ist der letzte Schritt, nicht der erste.

Wenn Sie erst vergeben wollen, wenn derjenige, der Sie verletzt hat, diese Vergebung verdient, dann können Sie Ihre Vergebung vergessen! Das wäre nämlich keine Vergebung! Vergeben Sie sofort. Vergeben Sie immer, wenn Sie merken, daß Ihnen etwas weh tut. Vergeben Sie, bevor die Wunde vereitert.

Die Salbe der vergebenden Liebe kann Reibung reduzieren und Ärger besänftigen.

Vergebung, die vergißt, ist nicht heilige Vergeßlichkeit.

Nein, sie ist die heilende Kraft, die das Gift aus der Wunde zieht.

Die Vergebung bringt neues Leben in unser Herz, neue Energie in unser lahmgelegtes Gefühlsleben und neues Verständnis in unsere eingefrorenen Emotionen.

BIBELSTELLEN ZUM THEMA

Kolosser 3, 13: „Ertragt euch und vergebt einander, wenn einer gegen den andern eine Klage hat; wie der Herr euch vergeben hat, so vergebt auch ihr!"

Matthäus 6, 14—15: „Denn wenn ihr den Menschen ihre Verfehlungen vergebt, so wird euch euer himmlischer Vater auch vergeben. Wenn ihr aber den Menschen nicht vergebt, so wird euch euer Vater eure Verfehlungen auch nicht vergeben."

Epheser 4, 32: „Seid aber zueinander freundlich und herzlich und vergebt einer dem andern, wie auch Gott euch in Christus vergeben hat."

Matthäus 18, 21—22: „Da trat Petrus zu Jesus und fragte: »Herr, wie oft muß ich denn meinem Bruder, der an mir sündigt, vergeben? Genügt es siebenmal?« Jesus sprach zu ihm: »Ich sage dir: nicht siebenmal, sondern siebzigmal siebenmal.«"

Markus 11, 25—26: „Und wenn ihr steht und betet, so vergebt, wenn ihr etwas gegen jemand habt, damit auch euer Vater im Himmel euch eure Übertretungen vergibt. Wenn ihr aber den Menschen nicht vergebt, so wird euch euer Vater eure Verfehlungen auch nicht vergeben."

Kapitel 6

Frei gemacht zum Dienst

Wenn wir Jesus als unseren persönlichen Erlöser in unser Herz einladen, ist das nicht das Ende unseres christlichen Erlebens, sondern erst der Anfang. Auch die Erfüllung mit dem Heiligen Geist stellt nicht den Abschluß unseres geistlichen Wandels dar, denn dann erst empfangen wir die Kraft, die Aufgaben zu übernehmen, die uns der Herr geben will. Wir sollten uns nicht damit begnügen, einmal mit dem Heiligen Geist getauft worden zu sein, sondern wir wollen uns jeden Tag nach Seiner Fülle ausstrecken.

Heutzutage sagen viele Christen: „Ich bin geistgetauft." Aber andere können in ihrem Leben keine Geistesfrucht erkennen. Doch sagte der Herr Jesus, daß man uns an unserer Frucht erkennen würde. Es ist also durchaus möglich, ein wiedergeborener, geistgetaufter Christ zu sein, aber ohne zu dem wunderbaren, produktiven Leben befreit zu sein, das der Herr Seinen Kindern schenken möchte.

Folgende Zeugnisse wurden von Frauen verfaßt, die intelligent und talentiert sind, doch brauchten sie alle eine besondere Berührung von Jesus, bevor sie ihre Fähigkeiten voll für Gott einsetzen konnten. Der Herr mußte sie von allen hindernden Mächten befreien. Einige litten unter Schuld, Angst, Depressionen, Minderwertigkeitskomplexen, Alpträumen oder Schmerzen. Doch war Jesus stärker als alle diese Mächte.

Sie waren sozusagen in einem Kokon gefangen; doch als Jesus sie anrührte, wurden sie wie Schmetterlinge frei! Frei, um als geisterfüllte Christen so zu leben, wie der Herr es will. Der Herr heilt uns nämlich nicht um unsretwillen nur. Er heilt uns, damit wir andere zu Ihm führen und ihnen dienen können. Ich gebe folgende Zeugnisse aus dem einen Grund wieder: Damit Jesus die Ehre bekommt, die Ihm zusteht! Ihm sei das Lob in alle Ewigkeit.

FREI VON SCHULD UND SELBSTVORWÜRFEN

Liebe Betty!
Benutzen Sie bitte dieses Zeugnis so, wie Sie es für gut halten. Ich kam aus einer Familie, in der ein Elternteil gläubig war, der andere nicht. Meine Eltern hatten vier Kinder, alle ungewollt. Schon früh belästigte mich ein Verwandter sexuell; ich wurde, als ich noch Kind war, von einem Nachbarn vergewaltigt.

Dadurch wurde ich zutiefst gedemütigt. Außerdem sagten mir meine Eltern immer wieder, daß ich nichts taugte und nichts werden würde. Meine Eltern sagten ganz offen, sie könnten es kaum abwarten, bis ich heiraten und von zu Hause fortziehen würde.

Dadurch lernte ich die Ablehnung anderer bis zur Neige kennen. Bis ich anfing, mit Jungen auszugehen, erfuhr ich kaum eine körperliche Berührung. Ich sehnte mich danach, daß mir jemand seine Aufmerksamkeit zeigen möchte. In der Schule mogelte ich und fiel trotzdem durch alle Prüfungen durch. Zweimal wurde ich wegen Ladendiebstahl verhaftet.

Als ich heiratete, war ich entschlossen, alles gut zu machen. Aber gerade durch meine unheimlichen Anstrengungen wurde ich frustriert und erschöpft. Je mehr ich mich bemühte, desto schlimmer wurde alles. Mein Mann war ständig zum Jagen oder zum Angeln unterwegs, so daß ich mir wieder ungeliebt vorkam. Ich beging darum mit jedem Ehebruch, der mich darum bat — am meisten mit meinem Arbeitgeber. Ich trank nie Alkohol; ich tat alles völlig nüchtern.

Nachdem ich jahrelang in dieser schrecklichen Weise gelebt hatte und mehrere Kinder zur Welt gebracht hatte, meinte ich, nicht mehr mit dem Leben fertig werden zu können. Ich wollte einfach sterben. Zwar machte ich noch nach außen hin den Eindruck, ich sei glücklich, aber in mir war alles elend und leer. In dem Versuch, mein Verlangen nach Glück zu unterdrücken, aß ich alles, was mir in die Finger kam.

Ich gehörte zu einer Kirchengemeinde und hatte dort sogar Aufgaben übernommen, aber diese brachten mir auch keine Freude. Ich fing an, Gott zu suchen. Ich bat Ihn, sich mir zu offenbaren. Und Er tat genau das. Er taufte mich mit Seinem Heiligen Geist und gab mir den Zugang zum Himmel. Ich kam mir wie in Liebe eingetaucht vor. Er durchflutete meine Seele mit Freude.

Inzwischen wog ich 200 Pfund und mußte ein übergroßes Kleid anziehen. Ich wußte, daß Jesus jetzt der Herr meines ganzen Lebens sein müsse, sonst könnte Er überhaupt nicht der Herr sein. Und doch schaffte ich es in eigener Kraft nicht, auch nur ein paar Pfund abzunehmen. Ich versuchte zwar alles, aber es gelang mir einfach nicht. Die Wunden aus meiner Vergangenheit waren zu tief. Meine Erinnerungen schienen regelrecht mein Verhalten zu steuern. Und dabei wollte ich, daß der Heilige Geist am Steuer meines Lebens sein sollte.

Zu dieser Zeit hörte ich etwas über den Dienst der Tapscott-Familie. Ich erkannte sofort, daß ich innere Heilung nötig hatte. Als ich dann in einer Versammlung der Tapscotts saß, ging ich zusammen mit Jesus durch meine Vergangenheit. Er wischte alle Erinnerungen an die Furcht und die Frustration weg. Er gab mir Liebe statt Haß und Frieden statt Verwirrung. Ich wurde von meinen Ressentiments und meiner Bitterkeit frei gemacht.

Sein teures Blut hat mich von aller Sünde gereinigt. Er hat mir alle meine Schuld weggenommen. Ich habe erlebt, daß Jesus eine Realität ist. Ich bin ein lebendiger Beweis dafür, daß der Sohn einen Menschen recht frei machen kann. Gott hat doch noch etwas Schönes aus meinem zerrütteten Leben machen können. Als ich innere Heilung empfing, wurde ich auch körperlich geheilt. Ich wiege jetzt nur noch 130 Pfund und trage ein ganz normales Kleid. Gott sei Ehre für alles, was Er in Seiner Gnade an mir tat!

Nun ist es das einzige Ziel meines Lebens, Jesus zu dienen und Ihm ein Zeugnis zu sein.

FREI GEMACHT VON DER FURCHT, VON ALPTRÄUMEN UND VON MINDERWERTIGKEITSKOMPLEXEN

Ich bin katholisch aufgewachsen, aber wegen der Probleme, die wir zu Hause hatten, war ich nie besonders fromm. Durch den Dienst einer anderen Kirche lernte ich Christus als Erlöser kennen; dann war ich die einzige Christin in der ganzen Verwandtschaft. Meine Eltern ließen sich scheiden, und meine Mutter besaß danach so gut wie nichts. Sie wurde sehr depressiv, da sie versuchen mußte, finanzielle Abhilfe zu schaffen, wenn sie überleben wollte. Am Ende wurde sie körperlich und seelisch zu schwach, um mit der Situation fertig zu werden. Ich selber wandte mich der Kirche und der Schule zu, um mich im Leben zu bessern.

Unser Haus war sehr ärmlich und unordentlich. Ich hatte große Angst vor den Ratten, die sich dort aufhielten. Ich träumte sogar nachts von Ratten. Meine Mutter war manchmal ganze Tage und auch Nächte fort von zu Hause. Schließlich bekam ich es so sehr mit der Furcht vor den überall gegenwärtigen Ratten zu tun, daß ich von zu Hause fortlief.

Durch die Güte Gottes wurde es mir ermöglicht, eine Bibelschule zu besuchen; doch fand ich es dort sehr schwer, Beziehungen zu den anderen Studenten aufrechtzuerhalten, weil ich so schlecht über mich selbst dachte und einen scheinbar unüberwindbaren Minderwertigkeitskomplex hatte. Ich war dementsprechend zurückgezogen und aggressiv meinen Bekannten und auch den Lehrkräften gegenüber. Um meine Gefühle zu verbergen, versuchte ich so zu tun, als würde ich mich für besser halten als die anderen. Oft stellte ich die Lehrer in Frage und wurde ohne Ursache aggressiv.

Trotzdem wollte ich vor allem anderen ein Erfolgserlebnis

machen. Darum war ich voller Freude, als ich nach der Bibelschulzeit zur Leiterin des Sonntagsschulprogramms einer großen Gemeinde ernannt wurde. So wurde meine Hoffnung zur Wirklichkeit. Und doch überkamen mich die alten Minderwertigkeitsgefühle immer wieder, so daß ich oft aggressiv und unansprechbar wurde. Weil ich eine Frau bin, meinte ich, man würde mich nicht ganz ernst nehmen.

Ungefähr zu dieser Zeit erlebte eine Frau aus meiner Gemeinde den Heiligen Geist in völlig neuer Weise. Sie wurde zu einem ganz neuen Menschen. Ich dachte heimlich: „Ob darin für mich auch eine Hoffnung liegen könnte?" Ich ging zu ihr nach Hause und fragte sie über ihr Erlebnis aus. Sie schlug vor, daß ich mit mir um innere Heilung beten lassen sollte. Ich setzte mich daraufhin mit Betty Tapscott in Verbindung und machte einen Termin aus.

Preis sei unserem Herrn!

Nachdem wir um die Heilung der Erinnerungen gebetet hatten, war ich wie verwandelt. Es ist schwer zu beschreiben, wie jemand über Nacht von einer herausfordernden, analytischen, intellektuellen Frauenrechtlerin neu zu einer zarten Frau werden kann, die willig ist, der Leitung des Heiligen Geistes zu folgen.

Kurz nach diesem Erlebnis der inneren Heilung zog ich zusammen mit meinem Mann in einen anderen Bundesstaat, wo ich Direktorin der kirchlichen Schule und mein Mann Vikar wurde. Mein Mann konnte nur über mein neu gefundenes Vertrauen staunen. Dafür möchte ich aber Jesus Christus allein die Ehre geben. Als Direktorin erlebte ich bei der Arbeit den Erfolg, den ich mir so sehnlichst gewünscht hatte.

Meine Beziehung zu den Lehrern, sowie das Wirtschaften in der Schule sind in jeder Hinsicht befriedigend. Wir haben entdeckt, daß es möglich ist, die höchsten christlichen Werte auch heute aufrechtzuerhalten.

Mein Mann und ich erkennen an, daß alle unsere Quellen in Gott sind. Von uns aus können wir nichts tun. Es ist doch wirklich wunderbar, anderen in Seiner Kraft zu helfen.

FREI GEMACHT VON DEPRESSION UND KOPFSCHMERZEN

Ich hatte das Verlangen, ein siegreiches christliches Leben zu führen. In meiner fundamentalistischen Gemeinde hatte ich viele gute Werke getan, aber es kam mir unmöglich vor, die Maßstäbe der Heiligung einzuhalten, die dort vorgeschrieben wurden. Darum fiel ich allmählich vom Glauben ab. Nach einer Zeit waren mein Mann und ich nur noch Namenschristen.

Als eines unserer Kinder zehn Jahre alt war, bekam es Krebs. Unsere Welt fiel zusammen. Tagein, tagaus mußten wir den Schmerz und die Frustration erleiden, unseren Sohn im Sterben zu sehen. Wir wurden beide deprimiert und verbittert. Ich bekam Migräne und konnte fortan keine Arbeitsstelle halten.

Nachdem unser Sohn starb, zog ich mich in meine eigene Welt der Krankheit und der Depression zurück. Ich kam so weit vom Glauben ab, daß ich daran zweifelte, jemals errettet worden zu sein. Ich wußte zwar, daß mein Sohn in den Himmel gegangen war, doch mußte ich jetzt befürchten, ihn dort nicht mehr sehen zu dürfen. Ich gab alle Hoffnung auf. Es war mir klar: ich würde zur Hölle fahren.

Freunde beteten für mich und versuchten, mich zu beraten. Dadurch bekam ich wieder etwas Hoffnung. Zu der Zeit hatte ich eine gute Arbeitsstelle bekommen, doch mußte ich wegen meiner körperlichen Schwäche alles wieder aufgeben. Mein Selbstvertrauen war auf dem Nullpunkt angelangt.

Als es so weit war, wies mich jemand auf Betty Tapscott hin. Ich ging zu ihr, um für mich beten zu lassen. Seither ist mein ganzes Leben anders! Preis sei Gott! Die Migräne ist ganz und gar gewichen. Gott hat mich körperlich und seelisch geheilt. Er erfüllte mich mit Vertrauen und heiliger Kühnheit. Kurz darauf wurde ich sogar zur Leiterin einer christlichen Schule ernannt, wo ich herrliche Erfolgserlebnisse machen durfte. Dank sei dem Herrn! Meine Freunde erzählen mir alle, mein Gesicht würde jetzt die Gegenwart und Freude Jesu ausstrahlen. Tatsächlich fühle ich mich wirklich so, als könnte ich vor Freude springen.

Ich möchte ein lebendiger Zeuge sein für die verwandelnde Kraft Jesu. Heute weiß ich ganz genau, wo ich die Ewigkeit verbringen werde: nämlich beim Herrn und bei meinem kleinen Sohn! Ich preise Jesus, daß Er mich von Depression und Trübsinn frei gemacht hat. Er hat mir geholfen, die Talente, die Er mir geschenkt hatte, auch richtig einzusetzen.

DIENEN SIE AN DEM PLATZ, WO GOTT SIE HINSTELLT

Ungefähr 25 Jahre lang gehörte ich einer evangelikalen, bibelgläubigen Gemeinde an. Man brachte uns dort bei, errettet und mit dem Heiligen Geist erfüllt zu werden; aber es hat nie einer gesagt, wie man im siegreichen Leben bleiben kann. Jahrein, jahraus versuchte ich, nach den Maßstäben dieser Gemeinde zu leben. Ich war sogar Mitarbeiterin der Gemeinde und erlebte einige Erfolge, so daß ich meinte, wenigstens das, was ich schon erlebt hatte, behalten zu können. In der Familie sowie im Beruf segnete mich der Herr reichlich.

Doch obwohl ich mich als erfolgreich bezeichnen konnte, hätte ich mich nie als siegreich beschrieben. Ich war zwar glücklich, hatte jedoch keine Freude. Was mir die ganze Zeit fehlte, war die ganz persönliche Beziehung zu Jesus. Es kam mit der Zeit sogar so weit, daß ich nicht mehr daran glaubte, daß so etwas möglich sei. Zwar wollte ich weiterhin in der Gemeinde mitarbeiten, den Herrn suchen wollte ich jedoch nicht mehr. Ich beschloß, daß Er nicht mehr vorhanden sei. Der Teufel sei nur ein böser Einfluß.

Doch ließ mich zu der Zeit Gott nicht im Stich. Er streckte Seine Hand aus und rührte mich ganz neu an. Ganz unerwartet mußten wir aus der Stadt umziehen, wo wir lebten und eigentlich auch unser ganzes Leben verbringen wollten. In der neuen Stadt ging meine Tochter in eine Schule, wo eine Lehrerin im

Heiligen Geist getauft war. Bald fiel es mir auf, daß diese Lehrerin ganz anders war als alle anderen Lehrer und Lehrerinnen, die ich sonst kannte. Sie strahlte echte Freude aus.

Ich fragte sie eines Tages nach dem Geheimnis dieser Freude, worauf sie schnell antwortete: „Ach, das ist der Heilige Geist." Ich begann von diesem Zeitpunkt an, Bücher über das geisterfüllte Christenleben zu lesen. Ich wurde sehr fragend und fing an, die Bibel neu zu studieren. Diesmal suchte ich echte Antworten.

Eines Tages betete ich ganz neu um Jesu Vergebung. Ich bat den Herrn, in mein Leben hineinzukommen. Ich bat Ihn, mich mit Seinem Heiligen Geist zu erfüllen. Das tat Er, so daß ich bis zum Überfließen voll war!

Mein Leben war wie verwandelt! Ich konnte plötzlich nicht genug anbeten. Ich konnte nicht genug die Bibel lesen.

Bald danach ging ich in eine Buchhandlung und sah dort das Buch „Innere Heilung" von Betty Tapscott. Es gab dort auch eine Tonbandaufnahme zu diesem Thema. Von meinen traumatischen Kindheitserlebnissen her wußte ich, daß ich diese innere Heilung nötig hatte. Meine Eltern hatten sich scheiden lassen, als ich erst drei Jahre alt war. Meine Mutter heiratete einen anderen Mann, ließ sich dann noch einmal scheiden und heiratete wieder meinen Vater.

Ich selber heiratete einen Schulpsychologen, aber wir hatten zu Hause auch Probleme. Unser Sohn, der sonst erfolgreich war, bekam im Alter von neun Jahren psychische Störungen. Sein Verhalten änderte sich drastisch und seine Entwicklung wurde gehemmt.

Auf jeden Fall kaufte ich mir das Buch und die dazugehörige Kassette. Dann füllte ich die beigelegte Karte aus, die dazu einlud, einen Termin mit Betty Tapscott abzumachen. Einige Wochen später rückte der Termin heran, und ich ging zitternd zu Betty nach Hause.

Zuerst sprachen wir ganz zwanglos miteinander. Plötzlich aber überkam mich ein Gefühl, als würde ich in der Brust und im Hals gewürgt. Nach außen hin zeigte ich nichts davon, doch geriet ich innerlich in Panik, da ich nicht wußte, was es zu bedeuten hatte.

Ich sah, wie Betty still anfing, im Geiste zu beten, und anschließend fand das beklemmende Gefühl ein Ende. Später erzählte mir Betty, sie habe mein Gefühl auch gemerkt. Danach beteten wir um innere Heilung, und ich spürte, wie der Herr mich mit Seiner heilenden Kraft überwältigte.

Ich verließ das Haus der Tapscotts mit dem Eindruck, jemand hätte mir einen ganzen Berg von den Schultern abgenommen. Zu der Zeit wurde überlegt, ob ich mich nicht als Direktorin oder Assistentin in einer Schule eignen würde. Ich hatte gedacht, mein Leben würde von dieser einen Entscheidung abhängen. Betty sagte mir jedoch, daß der Herr mein ganzes Leben im voraus geplant habe. Weil Er einen vollkommenen Plan für mein Leben habe, würde Er auch dafür sorgen, daß ich die richtige Arbeitsstelle erhielt. Ich entschloß mich, alles dem Herrn zu überlassen. Der Herr gab Betty eine Weissagung, daß die Menschen in der Schule zu mir kommen würden, um sich von mir dienen zu lassen. Doch wollte ich nur das tun, was der Herr mir selber sagen würde.

Also ging ich meines Weges — und begann, den herrlichsten Abschnitt meines Lebens zu genießen! Ich entdeckte, daß innere Heilung wirklich effektiv ist. Wochen und sogar Monate später entdeckte ich noch Gebiete meines Lebens, die geheilt worden waren. Sogar heute noch entdecke ich immer wieder Stellen, die früher wund waren und heute heil sind!

Das Auffälligste an allem war das Verschwinden meiner Kopfschmerzen. Ich hatte vorher unter Migräne gelitten. Manchmal dauerten die Schmerzen 24 bis 48 Stunden. Ich wurde vom Arzt mit schmerzlindernden Mitteln vollgepumpt; dann wurde ich erst recht verzweifelt und ging ins Krankenhaus, um dort Medikamente zu bekommen, die mich vollends bewußtlos machen würden.

Aber seitdem ich bei Betty Tapscott betete, habe ich keine Migräne mehr. Wenn ich doch ab und zu Kopfweh bekomme, verschwindet es sehr bald wieder.

An der Schule, wo ich arbeitete, merkten viele Leute, daß in mir etwas vor sich ging. Sie fingen an, zu mir zu kommen, um sich vom Herrn dienen zu lassen. Mein Wunsch, Direktorin zu werden, schwand allmählich, so daß mir der Herr die wunderbare Gabe geben konnte, Ihm und Seinem Plan gehorsam zu sein und mich zu fügen.

Später wurde ich für den Titel ,,Lehrerin des Jahres" vorgeschlagen. Und ich gewann tatsächlich diesen Preis — vielmehr, der Herr in mir gewann! Es gab sogar einen Wettbewerb für den ganzen Staat Texas, und ich erhielt da den zweiten Platz!

Inzwischen ist auch ein Buch von mir mit verschiedenen Artikeln — auch religiösen Inhalts — erschienen. Ich gebe Jesus dafür die Ehre. Das Buch fand eine breite Leserschaft. Auch Zeitungen druckten meinen Bericht ab, als ich niederschrieb, wie Gott mir im Klassenraum hilft. Dadurch erfuhren Tausende von Jesus Christus.

Zur Zeit habe ich den deutlichen Eindruck, daß der Heilige Geist alles in meinem Leben unter Kontrolle hat. Ich lehre weiterhin in der öffentlichen Schule, bin aber auch Sonntagsschullehrerin in meiner Gemeinde. Außerdem bin ich als Laienpredigerin eingesetzt. Beim ,,700-Club" (Fernsehprogramm in USA) bin ich als Seelsorgerin angemeldet. Ich darf oft andere in das Erlebnis der Geistestaufe hineinführen. Viele Wunder, auch Heilungen, kommen in meinem Dienst vor. Das konnte allein der Herr bewirken, darum möchte ich nur Ihm die Ehre geben. Gott öffnet mir ständig neue Türen für meine schriftstellerische Tätigkeit; durch verschiedenste Aktivitäten wird mein Zeugnis immer mehr in der Öffentlichkeit bekannt.

Sogar mein Dienst an der Schule ruft erstaunliche Wunder hervor. Gott kann nämlich alles unterrichten! Auch die zerbrochenen Herzen der Kinder vermag Er zu heilen. Die Nervösen und Schwachen rührt Er durch mich an. Wenn ich Ihn durch mich sprechen lasse, kann Er jedes Problem bewältigen. Unter den Lehrern an der Schule haben wir neulich einen Jüngerschaftskursus durchgeführt. Gegenwärtig lehren wir über das Thema ,,Die Kraft des Heiligen Geistes im Klassenzimmer".

Dieses Zeugnis ist eigentlich die kürzeste Geschichte, die ich jemals geschrieben habe! Aber wenn ich alles erzählen wollte, was der Herr zur Zeit unter uns tut, müßte ich schon wieder ein ganzes Buch schreiben.

Preis sei dem Herrn!

WIRKLICH FREI GEMACHT

Dieses letzte Zeugnis wurde von einer Lehrerin aus der sechstgrößten Stadt Amerikas geschrieben. Neulich wurde sie in ihrem Schulbezirk zur „Lehrerin des Jahres" ernannt — und das in einem Bezirk, der sowieso einen sehr guten Ruf hat. Es hatten sich 9 500 Lehrer um die 100 freien Planstellen in diesem Bezirk beworben! Und im ganzen Bundesstaat Texas wurde diese Frau zur zweitbesten Lehrerin ernannt.

In ihrem Klassenraum in der öffentlichen Schule findet sie Gelegenheit, für ihren Herrn Kontakte aufzunehmen. Sie teilt Jesus dadurch mit, daß sie beim Unterrichten Liebe und Zärtlichkeit anderen gegenüber erweist. Sie motiviert die Schüler und fürchtet sich nicht davor, sie auch zu bestrafen, wenn es notwendig ist. Die anderen Lehrkräfte finden in ihr eine vorbildliche Kollegin im wahrsten Sinne des Wortes. Ihre Talente in den Bereichen Musik, Dichtung und Literatur hat sie dem Herrn ausgeliefert. Deswegen kann der Herr ihre Anstrengungen so sehr segnen.

Von ganzem Herzen würde sie dem Satz zustimmen: „In Ihm vermögen wir alles." An der Tür zu ihrem Klassenraum hängt ein Schild mit der Aufschrift: „Du bist eine Verheißung." Ihr Zeugnis sowie die anderen Berichte in diesem Kapitel wollen alle Gott dafür Dank sagen, daß Er frei gemacht hat. Auch Sie möchte Gott frei machen, damit Sie Ihr Leben so führen können, wie Gott es ursprünglich plante. Er möchte auch Sie mit Seinem Heiligen Geist und mit Seiner Frucht erfüllen. Er möchte auch Sie dazu befreien, die Aufgaben wahrzunehmen, die Er von Ewigkeit her für Sie gedacht hat.

Denken Sie daran: GOTT LIEBT SIE. Darum sind Sie ein besonderer Mensch!

„Wen der Sohn frei macht, der ist recht frei“ (Johannes 8, 36).

Wegweisende Literatur

Zum Thema „Innere Heilung“ und „Heilung der Seele“ sind eine Reihe guter Bücher erschienen. Folgende Liste erhebt keinen Anspruch auf Vollständigkeit; sie soll dem Leser helfen, sich in das Thema zu vertiefen.

BAUMAN, Bert: *Die Heilung der Seele*
Erzhausen: Leuchter-Verlag

BENNETT, Dennis und Rita: *Die Trinität des Menschen*
Erzhausen: Leuchter Verlag

BENNETT, George: *Heilung brauchen wir alle*
Metzingen und Aschaffenburg:
Ernst-Franz-Verlag und Pattloch-Verlag

KNORRE, Heinrich von:
Seelische Krankheit — Heilung und Heil
Marburg: Verlag der Francke Buchhandlung (Edition C)

LILLY, Gene: *Der Segen des Vergebens*
Erzhausen: Leuchter-Verlag

MacNUTT, Francis: *Die Kraft zu heilen*
Metzingen, Graz, Wien und Köln:
Ernst-Franz-Verlag und Styria-Verlag

MARGIES, Wolfhard: *Heilung durch Sein Wort,* 2 Bände
Urbach: STIWA-Druck und Verlag

McMILLEN, Dr. S. I.: *Vermeidbare Krankheiten*
Wuppertal: Aussaat-Verlag

MÖSSINGER, Manfred: *Heil für die Seele*
Stuttgart: Christliches Verlagshaus (ABC-Team)

NARRAMORE/COUNTS:
Befreit von Depression und Schuldgefühl
Aßlar: Verlag Schulte und Gerth

SANFORD, Agnes: *Heilendes Licht*
Marburg: Ökumenischer-Verlag Dr. R.-F. Edel

TAPSCOTT, Betty: *Innere Heilung*
Erzhausen: Leuchter-Verlag

Diese Bücher können alle über den Leuchter-Verlag (Abt. Versandbuchhandlung) bezogen werden!